Zeh | Corpus Delicti

Lektüreschlüssel für Schülerinnen und Schüler

Juli Zeh
Corpus Delicti

Von Mario Leis und Sabine Rieker

Reclam

Dieser Lektüreschlüssel bezieht sich auf folgende Textausgabe:
Juli Zeh: *Corpus Delicti. Ein Prozess.* 14. Aufl. München: btb Verlag,
2010.

RECLAMS UNIVERSAL-BIBLIOTHEK Nr. 15447
2016 Philipp Reclam jun. GmbH & Co. KG,
Siemensstraße 32, 71254 Ditzingen
Gestaltung: Cornelia Feyll, Friedrich Forssman
Druck und Bindung: Kösel GmbH & Co. KG,
Am Buchweg 1, 87452 Altusried-Krugzell
Printed in Germany 2019
RECLAM, UNIVERSAL-BIBLIOTHEK und
RECLAMS UNIVERSAL-BIBLIOTHEK sind eingetragene Marken
der Philipp Reclam jun. GmbH & Co. KG, Stuttgart
ISBN 978-3-15-015447-2

Auch als E-Book erhältlich

www.reclam.de

Inhalt

1. Erstinformation zum Werk

Der Roman *Corpus Delicti* steht im Zeichen einer Gesundheitsdiktatur. Schon das »Vorwort« stellt das vermeintliche Wohl der Bürger ins Zentrum: »Gesundheit ist ein Zustand des vollkommenen körperlichen, geistigen und sozialen Wohlbefindens – und nicht die bloße Abwesenheit von Krankheit« (7). Medizinische Früherkennung, effektive und strenge Hygienegesetze und die Genforschung verhindern jede Krankheit. Eine *heile* Welt? Sicherlich nicht, gleichwohl erinnert sie in Ansätzen an unsere Gegenwart. Am 19. März 2009 arbeitet der Journalist Harro Albrecht in seiner Rezension *Für ein bisschen Diktatur* zu Zehs Roman Analogien heraus: »Der Leser wird bei der Lektüre zustimmend nicken. Wer seinen Körper verlottern lässt, gilt mittlerweile als verdächtig, gar als Sozialschädling, der unser aller Krankenkassenbeitrag in die Höhe treibt. In den Kneipen ist das Rauchen verboten. Eltern werden gedrängt, ihre Kinder gegen Masern impfen zu lassen [...].«[1]

Die Gesundheitswerte aller sind auch im Visier von Krankenkassen, Arbeitgebern und Versicherungen, sie profitieren, wenn die Bürger gesund leben: Ein kranker Mitarbeiter oder Versicherter ist schließlich teurer als ein gesunder. Durch den Einsatz von Fitness-Trackern und Gesundheits-Apps stellen wir unsere Werte sogar freiwillig ins Internet: Millionen Bürger verwandeln sich so zu gläsernen Menschen, die auf Schritt und Tritt beobachtet werden.

Gesundheitsdiktatur

Kostbare Gesundheitswerte

Fitness-App

Der Markt rund um Fitness-Apps explodiert regelrecht. Das Unternehmen Apple gehört auch hier – neben anderen Anbietern – zu den innovativsten auf dem Markt. Seine App »Health« wird jedem Nutzer des mobilen Betriebssystems (IOS) aufgezwungen. Apple stellt dieses Programm selbstbewusst auf seiner Internetseite vor: »Das könnte eine echte Gesundheitsrevolution werden.« Diese App interpretiert kontinuierlich unseren aktuellen körperlichen Status: »Herzfrequenz, verbrannte Kalorien, Blutzucker, Cholesterin – Gesundheits- und Fitnessapps erfassen Daten unterschiedlichster Art. [...] Sie sind mit einem Tipp verfügbar und zeigen übersichtlich den aktuellen Stand deiner Gesundheit. Du kannst auch eine Art Notfallpass erstellen. Er enthält wichtige Informationen wie deine Blutgruppe oder Angaben zu Allergien [...].«

Die politisch aktive Autorin und ausgebildete Juristin Juli Zeh wehrt sich gegen solch einen Überwachungsstaat. So reichte sie im Januar 2008 beim Bundesverfassungsgericht eine Verfassungsbeschwerde gegen Fingerabdrücke in biometrischen Reisepässen ein. Die Richter in Karlsruhe lehnten zwar die Klage ab, aber die Medien diskutierten Zehs Anliegen ausführlich.

2009 verfasste sie zusammen mit Ilija Trojanow die Kampfschrift *Angriff auf die Freiheit. Sicherheitswahn, Überwachungsstaat und der Abbau bürgerlicher Rechte*. Beide Autoren warnen darin die Leser eindrücklich: »Die gegenwärtige Gleichgültigkeit im Umgang mit der Privatsphäre lässt ahnen, wie Staat und Konzerne in Zukunft über uns verfügen werden, sollten wir ihnen erlauben,

Kampfschrift für die Freiheit

noch umfassendere Instrumente der Kontrolle einzuführen. Dann wird es allerdings zu spät sein zum Widerstand.«[2]

Zeh formuliert ihren »Widerstand« mit *Corpus Delicti* auch künstlerisch. Sie stellt mit ihrer Dystopie ein Gegenbild zur positiven Utopie vor: Die Autorin entwirft ein

Dystopie

pessimistisches Science-Fiction-Szenario, mit dem sie ihre Leser vor gefährlichen Tendenzen in unserer Gesellschaft warnen möchte. Ihr Roman zeigt, dass die Gesundheitsdiktatur, in der sich alles um den Körper dreht, zwangsläufig Schwachstellen besitzt. So unterminieren Moritz Holl – und später seine Schwester Mia – diesen vermeintlich besten aller Staaten.

2. Inhalt

Juli Zehs Roman *Corpus Delicti – Ein Prozess* (2009) ba-
siert auf ihrem gleichnamigen Theaterstück von 2007.
Die Handlung ereignet sich Mitte des 21. Jahrhunderts. In
Deutschland herrscht eine Gesundheits-
diktatur, die sich nach der »Methode«, einem komplexen Kontrollsystem, ausrich-
tet. Im Mittelpunkt des Romans steht Mia Holl, die sich
von einer treuen Staatsanhängerin in eine Freiheitskämpferin verwandelt.

Methode

Gesundheit

Im keimfreien Deutschland hat Gesundheit die höchste
Priorität. Die Menschen tragen einen Mundschutz in der
Öffentlichkeit und einen implantierten Chip im Oberarm.
Die Behörden speichern alle messbaren Körperwerte; ihre
Übermittlung gehört, wie ein gewisses Sportpensum, zu
den täglichen Aufgaben der Bürger. Schlechte Gesundheitswerte sowie der Konsum von Kaffee, Alkohol und Zi-
garetten sind strafbar. Küsse sind nicht romantisch, sondern eine »Verseuchung der Mundflora« (65). Die »freie«
Liebe zwischen Menschen, deren Immunsysteme nicht zusammenpassen, ist kriminell.

Kriminalfall Moritz Holl

Mias Bruder Moritz erkrankt mit sechs Jahren an Leukämie; eine Stammzellentransplantation heilt ihn. Diese existenzielle Er-

Vorgeschichte

fahrung prägt den inzwischen 27-jährigen Philosophiestudenten.

Seit Kindertagen trifft er sich wöchentlich mit seiner Schwester Mia Holl zu offiziell verbotenen Spaziergängen in der Natur. Dort schwärmt er ihr von Sibylle Meiler vor, die er über Online-Dating kennengelernt hat. Bei der ersten persönlichen Begegnung am gleichen Abend unter der Südbrücke findet Moritz ihre Leiche. Er ruft die Polizei, wird auf der Wache verhört und wieder nach Hause geschickt.

Zwei Tage später kommt er wegen Mordverdachts in Isolationshaft, weil das Sperma im Opfer seine DNA aufweist. Die METHODE verurteilt ihn schnell zum Scheintod. Im Besucherraum des Gefängnisses empfängt er seine Schwester, der er zum Abschied ein Produkt seiner Phantasie schenkt: die ideale Geliebte. Moritz erhält im Gegenzug von Mia eine Angelschnur, mit der er sich wenig später erhängt.

Trauer

Vor diesem Hintergrund trauert Mia mehrere Wochen in einem sogenannten Wächterhaus, in dem sie mit ihren drei Nachbarinnen Lizzie, Pollsche und Driss wohnt. Knapp einen Monat lang geht Holl nicht vor die Tür, treibt keinen Sport und unterlässt ihre obligatorischen Meldepflichten. Damit begeht sie eine Straftat. Ihr Fall landet deshalb zunächst als Güteverhandlung vor einem Amtsgericht. Die Richterin Sophie verzichtet auf eine Verwarnung und lädt Mia stattdessen zum Klärungsgespräch ein. Auf dieses Gespräch bereitet der Journalist und überzeugte

»Methodist« Heinrich Kramer Mia in ihrer Wohnung vor. Sie kennt ihn aus den Medien und hält ihn für den eigentlichen »Mörder« (30) ihres Bruders.

Rückzug und Angriff

Da Mia die Einladung zum Gespräch mit Sophie ignoriert, kommt es zur medizinischen Zwangsuntersuchung und einer erneuten Vorladung durch die Richterin. Sophie bietet Mia Hilfsmaßnahmen an, doch diese bittet bloß um Ruhe und Zeit, um sich selbst zu helfen. Da Mia auf Hilfe verzichtet, bekommt sie eine offizielle Verwarnung, die sie aber ignoriert. Stattdessen raucht sie eine Zigarette in ihrer Wohnung. Zwei Tage später wird deshalb ein Strafprozess gegen sie wegen »Missbrauch[s] toxischer Substanzen« (67) eingeleitet. Als Mia den Nikotinkonsum mit ihrer Sehnsucht nach ihrem Bruder – »so hat Moritz gerochen« (65) – begründet, setzt Sophie die Verhandlung aus und bestellt ihr den Pflichtverteidiger Dr. Lutz Rosentreter. Außerdem bekommt sie eine Geldstrafe wegen der Meldepflichtvernachlässigung. Im Anschluss lernt Rosentreter seine neue Mandantin im Verhandlungssaal näher kennen und entwickelt mit ihr eine Prozessstrategie: Mia würde die Geldstrafe zahlen. Rosentreter stellt aber einen Anfechtungsantrag wegen Befangenheit, weil die Richterin Sophie schon den Fall Moritz Holl bearbeitete.

Wenige Tage später wird der Prozess fortgesetzt. Sophie entspricht dem Antrag; doch statt die Geldstrafe zu erlassen, erhöht sie diese und verurteilt Mia zusätzlich – wegen

Zwangsuntersuchung

Rechtsanwalt Dr. Rosentreter

des Rauchens – zu zwei Jahren auf Bewährung. Da Holl das System zunehmend infrage stellt, schaltet das Gericht den Methodenschutz, eine Art Geheimpolizei, zur Überwachung der Verurteilten ein.

Mia versteht die Welt nicht mehr. Sie ist enttäuscht und will aufgeben, aber Rosentreter kämpft – aus persönlichen Motiven – weiter: Er liebt eine Frau, obwohl ihr Immunsystem mit seinem nicht kompatibel ist, macht sich also strafbar. Holl ist aufgebracht und hat zunächst kein Verständnis für Rosentreter, weil er sie für seinen Liebeskummer instrumentalisiert, um eine Lücke im System der METHODE zu finden.

> Mias Zweifel am System

Mit der Idee, den Fall neu aufzurollen, um Moritz' Unschuld zu beweisen, überzeugt schließlich Rosentreter seine Mandantin in ihrer Wohnung, die Zusammenarbeit mit ihm fortzuführen. In den Moment der Versöhnung platzt Kramer hinein, es kommt zu einem Wortgefecht. Dieses gipfelt darin, dass Mia von der frühen Leukämieerkrankung ihres Bruders erzählt. Davon wussten Kramer und

> Moritz' Leukämieerkrankung

Rosentreter bislang nichts; die beiden Kontrahenten gehen mit dieser entscheidenden Information unterschiedlich um.

Kramer intrigiert

Kramer veröffentlicht Mitte Juli einen miafeindlichen Artikel in der Methoden-Zeitung *Der Gesunde Menschenverstand*. Dieser öffentliche Rufmord verschreckt ihre Nachbarinnen, die um ihr Ansehen bangen und deshalb Mia auffordern, auszuziehen. Diese zieht sich zunächst in ihre Wohnung zurück. Nach der Lektüre von Kramers Schmähschrift drängt die ideale Geliebte, die nur Mia wahrnehmen kann, ihren Schützling dazu, sich endlich für eine Seite zu entscheiden.

Mia rebelliert: erste Festnahme

In der »Kathedrale« (60), Mias und Moritz' Zufluchtsort in der Natur, raucht sie wenige Tage später eine verbotene Zigarette, als drei Methodenschützer die unfreiwillige Rebellin wegen Verdachts auf »methodenfeindliche[] Umtriebe sowie der Führung einer methodenfeindlichen Vereinigung« (151) festnehmen.

Methodenfeindliche Umtriebe

Rosentreter recherchiert

Beim nächsten Gerichtstermin sieht sie Rosentreter wieder, der in der Zwischenzeit intensiv recherchiert hat. Nachdem das Gericht den Härtefallantrag erneut abgelehnt hat, beantragt der Verteidiger »die Einführung von verfahrensrelevantem Material aus der Sache Moritz Holl« (161). Dem Antrag wird stattgegeben. Schließlich präsentiert der Anwalt einen zweiten mutmaßlichen Mörder Sibylle Meilers: Walter Hannemann, Moritz' Knochenmarkspender; seit der Stammzellentransplantation trägt Moritz auch Walters DNA. Diese Enthüllung beweist nicht zwingend Moritz' Unschuld, aber die Fehlbarkeit der METHODE, und schockiert alle Prozessbeteiligten.

Moritz' Unschuld

Widerstand

Rosentreter bringt Mia nach dem Presserummel wieder nach Hause. Dort stößt er mit ihr auf seinen juristischen Triumph an. Sie indes möchte nicht feiern, er dagegen plant schon die weiteren Schritte: Er rät zu Rückzug und Ruhe – ausgerechnet dem Verhalten, das ihr zum Verhängnis wurde, weil sie auf diese Weise ja den Behörden aufgefallen war. Mia widersetzt sich der Empfehlung und ist jetzt kampfbereit: »›Ab heute‹, sagt Mia langsam, ›macht *sein [Moritz']* Name jede Vernunft unmöglich. Ab heute tue ich alles aus Liebe und frei von Furcht‹« (174).

> Mia kämpft gegen die Methode

Die ideale Geliebte bekommt Angst und droht, Mia zu verlassen, weil Mia Kramer eingeladen hat. Mias anfängliche Antipathie gegenüber Kramer hat sich in scheinbare Sympathie gewandelt. Statt sich aber weiter von ihm verhören zu lassen, nutzt sie ihn bewusst als ihr Sprachrohr: Sie diktiert ihm ein Pamphlet, das er veröffentlicht. Das zeigt der idealen Geliebten, dass Mia ihre Meinung über die METHODE im Sinne Moritz' geändert hat; die imaginäre Begleiterin verschwindet wie angekündigt. Wenig später nehmen drei Methodenschützer Mia gewaltsam in ihrer Wohnung fest.

Mia im Gefängnis

Rosentreter trifft Mia im Besucherraum des Gefängnisses, wo sie wegen »Suizidgefahr« (195) einsitzt. Er hat bereits eine Klage beim höchsten Methodengericht eingereicht und

erzählt Holl, wie die Presse auf ihre Proklamation reagiert
hat. Kramer präsentiert eine Gegendarstel-

Kramer und Mia

lung im Fernsehen. Kurz darauf besucht er
Mia in ihrer Zelle. Sie ignoriert Rosentreters Rat und redet mit Kramer. Der Journalist verdreht
Holls Aussagen und will sie zwingen, ein Geständnis zu
unterschreiben.

Richterwechsel

Richter Hutschneider muss nach Sophies Ausscheiden wegen Befangenheit Mias Fall übernehmen. Er führt ihr im
Besucherraum als Kronzeugen den Fernsehmoderator
Würmer vor, der angeblich Mias Komplize in der Wider-
standsgruppe namens *Schnecken* ist. »›Hatte Kramer Sie in
der Mangel?‹, fragt Mia« (217), die die erpressten Aussagen
ihres Gegenübers schnell durchschaut.

Rosentreter will die Verteidigung aufgeben

Danach besucht Rosentreter Mia ein zweites Mal in der
Haft – diesmal mit dem Vorsatz, ihre Verteidigung zu beenden. Sie ahnt seinen Sinneswandel, spricht ihn darauf an
und stimmt ihn um. Das höchste Methodengericht hat Ro-

Rosentreter und
seine Traumfrau

sentreters Klage abgewiesen und seinen
Härtefallantrag endgültig abgelehnt, außerdem hat er sich von seiner Traumfrau
getrennt. Mia bezeichnet nun Rosentreters
Lage als schlimmer als ihre eigene, weil sie selbst alles verloren und nichts mehr zu verlieren hat. Zum Abschied
reicht er ihr eine Nadel.

Mia wird gefoltert

Als Kramer Mia zum zweiten Mal gegenübersitzt, will sie ihm eine Stellungnahme zu seiner Fernsehrede diktieren. Er weigert sich und setzt ihr ein 24-Stunden-Ultimatum, ein von ihm formuliertes Geständnis zu unterschreiben. Mia lehnt ab und entscheidet sich für die Alternative: die Folter. Nach den Elektroschocks ist sie buchstäblich am Boden zerstört; Krämpfe schütteln sie. Kramer kümmert sich um sie. Als sie wieder halbwegs bei Bewusstsein ist, kratzt sie sich mit der Nadel den Chip mit ihren gespeicherten Körperwerten aus ihrem Oberarm.

Letzter Verhandlungstag

Am letzten Verhandlungstag verzichtet Mias Verteidiger auf jede Verteidigung, um sich selbst zu schützen. Ihre Nachbarinnen und Kramer sagen gegen sie als Zeugen aus. Das Gericht verurteilt Mia Holl – vor großem Publikum – schnell zum Scheintod durch Einfrieren. Gelassen liegt sie am Ende in der Kühltruhe, die – kaum geschlossen – wieder geöffnet wird, als Staatsanwalt Bell die Botschaft von der »Begnadigung« (263) überbringt. So erhält Mia am Ende, was man ihr bereits am Anfang angeboten hat: Keine Märtyrerschaft, sondern Hilfe zur Wiedereingliederung in das System der METHODE.

> Mias Verurteilung zum Scheintod

3. Personen

Heinrich Kramer. »Santé«. So grüßt der aus den Medien allseits bekannte Bestsellerautor und Journalist, Anfang 40, und verheiratete Vater zweier Kinder. Das im Vorwort zitierte Vorwort stammt von ihm, und am Ende des Buches behält er das letzte Wort. Dazwischen überschreitet er gleichermaßen gewissenhaft und gewissenlos Grenzen: Mit der Tür fällt er förmlich ins Haus – im Gericht, im Wächterhaus, in Mias Wohnung.

Einblicke verschafft und Eindrücke sammelt der Journalist zunächst als aufmerksamer und systemtreuer Zuhörer. Als überzeugter Anhänger und mutmaßlicher Pressesprecher der METHODE wäscht er standesgemäß schmutzige Wäsche – im Fall Moritz Holl als »dreckige[r] Kläffer[]« (31) und im Fall Mia Holl als »schwanzwedelndes Hündchen« (178).

| Methodenfreund |

Kramer, der sich als »Überzeugungstäter« (180) im Namen der METHODE bezeichnet, wird bei Mia Holls Güteverhandlung hellhörig. Weitsichtig, eine Story witternd, wagt sich der »Geschichtenjäger« (118) in die Höhle der »Löwin« (192). Mia ist skeptisch, weil sie ihn für den »Mörder [ihres] Bruders« (30) hält. Bald aber gelingt es dem Journalisten, ihr Vertrauen zu gewinnen. Als er genügend Informationen über sie gesammelt hat, verwendet er diese, um Mia in die Enge zu treiben, wie der historische Dominikanermönch Heinrich Kramer (um 1430–1505), der Autor des berüchtigten *Hexenhammers* (1486) und einer der Wegbereiter der Hexenverfolgung.

| Moritz' Mörder |

| Historische Vorbilder |

Mia Holl. Auch Mia hat ein historisches Vorbild: Maria Holl (1549–1634) wurde als »Hexe« in Nördlingen/Bayern angeklagt, gefoltert und freigesprochen.

Die 34-jährige Biologin Holl – helle Augen, große Nase, weicher Mund, ledig, kinderlos – wohnt mit »Idealbiographie« (19) in einem Wächterhaus. Dort meidet sie den Kontakt zu ihren Nachbarinnen und lebt lieber zurückgezogen in ihrer Dachgeschosswohnung: »An manchen Tagen horcht sie ins Treppenhaus, ob alles still ist, bevor sie die Wohnung verlässt. Sie braucht Zeit und Raum für sich selbst und ihre Gedanken. Nach der Arbeit geht sie nach Hause statt zur Gemeinschaftsaktivität« (146).

Die eher durchschnittliche Frau trauert und versucht mitunter durch das Schreiben, den Suizid ihres Bruders Moritz zu verstehen: »Ich muss das aufschreiben. Ich muss *ihn* aufschreiben« (27). Ihr Lebenssinn besteht im Erinnern an den Verstorbenen: »Was wäre denn sonst meine Aufgabe in der Welt, wenn nicht, von ihm zu erzählen?« (122)

> Schreibdrang

In der Öffentlichkeit stößt ihr bewusster Rückzug ins Private auf Skepsis, die Behörden sind beunruhigt. Mia treibt eine Weile lang keinen Sport und vernachlässigt ihre Pflichtabgaben, d. h. Schlaf- und Ernährungsbericht, Blutdruckmessung und Urintest. Damit macht sie sich strafbar. Von den ersten Konsequenzen ihrer Straftaten unbeeindruckt, geht sie ihren eigenen Weg, um den Tod ihres Bruders zu verstehen. Vor Gericht entwickelt sich aus ihrem Bagatelldelikt eine Staatsangelegenheit. Aus der »verbitterte[n], einsame[n] Rationalistin« (114) entwickelt sie sich zu einer Freiheitskämpferin und Staatsfeindin – wie ihr Bruder es gewollt hätte.

> Entwicklung zur Freiheitskämpferin

Moritz Holl. Als Sechsjähriger erkrankt er an Leukämie, der 27-Jährige bringt sich um. Krankheit und Heilung, »das Erlebnis d[]er eigenen Sterblichkeit« (95), prägen den Jungen früh, der sich schon mit zwölf Jahren für Philosophie interessiert und später dieses Fach studiert. Moritz ist »ein zugleich sanfter und hartnäckiger Mann, der von seinen Eltern ›Träumer‹, von Freunden ›Freidenker‹ und von seiner Schwester Mia meistens ›Spinner‹ genannt wurde« (33). Mit ihr trifft sich der Lebenskünstler wöchentlich verbotenerweise in der Natur, wo er gerne angelt und raucht.

Naturbursche und Lebemann

Sie sprechen über Gott und die Welt sowie seine Frauengeschichten.

Schließlich verabredet Moritz sich zu Blind Dates – und das letzte wird ihm zum Verhängnis. Bis zum Schluss beharrt der Rebell darauf, dieses Date (Sibylle Meiler) nicht vergewaltigt und ermordet zu haben. Bevor er sich aus dem System befreit, indem er sich selbst tötet, überreicht er seiner Schwester eine imaginäre Leihgabe, die ideale Geliebte.

Die ideale Geliebte. »Red keinen Scheiß« (28) sind die ersten Worte von Mias Alter Ego. Als Phantasieprodukt ihres Bruders trägt »die Schöne« (25), die »mit Materie wenig gemeinsam« (26) hat, weibliche Züge. Sie ist ein ›Zusatzgewissen‹, das Mias Verhalten auf einer Metaebene, d. h. auf einer übergeordneten Ebene, reflektiert und kritisiert.

Phantasieprodukt

Das »Hirngespinst« (46) ist für alle anderen Menschen außer Moritz und Mia unsichtbar. Dies führt zu Missverständnissen, wenn Mia in Gesellschaft anderer mit der idealen Geliebten redet: Kramer glaubt, dass sie mit sich selbst spricht (38), und Rosentreter, dass Mia ihn meint (108). Der idealen Geliebten gefällt Mias Verteidiger besser als der Journalist, den sie als »Arschloch« (31), »Maschine« (37), »Fanatiker« (47) und »Monster« (122) bezeichnet. An Moritz' Stelle setzt sie sich mit Mia auseinander und redet ihr – als sein Stellvertreter – ins Gewissen. Als Mias Sinneswandel vollzogen und damit der Auftrag der idealen Geliebten erfüllt ist (189), verschwindet sie. Kurz darauf wird bei Mias zweiter Festnahme deutlich, dass es sich bei ihrer »Wahnvorstellung[]« (141), die stets auf der Couch lag und sie oft mütterlich in den Arm nahm (47, 189), um ein personifiziertes Sofakissen handelt (192).

Mias Sinneswandel

Als **Heer der schwarzen Puppen** (71) bezeichnet Mia die Riege der Juristen, weil diese dunkle Roben tragen. Neben weniger wichtigen Figuren, wie Richter Dr. Hager, Richterin Stock und Justizassistent Danner, richten die folgenden Personen über Leben und Tod:

Dr. Ernest Hutschneider. Der vollbärtige Richter am Schwurgericht ist 60 Jahre alt, verheiratet, Vater zweier erwachsener Kinder und Großvater. Als Spießbürger bevorzugt er Gediegenheit; der komplizierte Fall Mia Holl strapaziert seine Nerven. Er ist zunächst nur stellvertretender Vorsitzender, er muss jedoch widerwillig nach dem Ausscheiden von Richterin Sophie den Vorsitz übernehmen.

Richter

Er führt Mia im Besucherraum des Gefängnisses Würmer vor und erzählt seinem Diktiergerät, was er dabei hört bzw. was die

Mias Verhör

METHODE hören will. Am letzten Verhandlungstag fällt er aus der Rolle: Hutschneider schlägt mit dem Hammer, fordert lauthals »Ruhe!« (252) und verkürzt den Prozess. Zum Abschluss verliest er die vorbereitete Urteilsformel.

Nach der Verhandlung protokolliert er Mias Urteilsvollstreckung. Die Entscheidung, dass der Deckel von Mias Kältekammer wieder geöffnet werden muss, versteht er nicht. Treffsicher bezeichnet Kramer Hutschneider als einen »Schlappschwanz« (261). Diese Fremdeinschätzung stimmt überein mit der Selbsteinschätzung des Richters, der sich »Mia nicht gewachsen fühlt« (215).

Sophie. Richter Hutschneiders Vorgängerin unterschätzt den Fall Mia Holl. Die Richterin ist etwas jünger als Mia und liebt das Recht, weil »sie etwas Sinnvolles tun kann« (51). Der Name »Sophie« leitet sich aus dem Griechischen ab und bedeutet ›Weisheit‹, doch verhält sie sich nicht so. Sie kennt Mia schon vom (Vor-)Fall des Bruders, den sie bereits bearbeitete. Moritz schätzte die Richterin: »Die Blonde ist eine Gute, hat Moritz gesagt. Die will nichts Böses«

| Naive Richterin |

(53). Sophies Gutmütigkeit gegenüber Mia wandelt sich allerdings in Bösartigkeit, weil sie sich im Verlauf von der Angeklagten betrogen fühlt. Schließlich wird Sophie wegen Befangenheit an ein anderes Gericht versetzt.

| Besserwisser |

Staatsanwalt Bell. Der Besserwisser vertritt meist mit einem »süffisanten Grinsen, dass er schon bei Diskussionen im juristischen Seminar für Sophie bereithielt« (68), eine andere Meinung als die verbissene, am Bleistift kauende Richterin

Sophie. Bell ist kurz angebunden, seinen Vornamen erfährt der Leser nicht. Sein Redeanteil ist verhältnismäßig gering, und bei den wenigen Wortbeiträgen weist Sophie ihn oft zurecht. Den Einfriervorgang unterbricht dieser »Haufen loser Knochen« (66), der wie ein apportierender Hund keuchend die Schriftrolle mit Mias Begnadigung überbringt.

Dr. Lutz Rosentreter. Mias Anwalt, ihr von Sophie bestellter Pflichtverteidiger, ist – wie es wiederholt heißt – »ein netter Junge«. Das gleichnamige Kapitel beschreibt

> Mias Rechts-
> anwalt

ihn ausführlich (70–76). Mia ist ihm gegenüber zwischen Ab- und Zuneigung hin- und hergerissen. Er erscheint ihr zunächst tölpelhaft und unprofessionell (72). Sein Verhalten macht Mia rasend: »Sie haben mir versprochen, diese Scheiße zu beenden. Und was machen Sie? Reiten mich noch tiefer rein« (107).

Auch Sophie und Bell nehmen Rosentreter nicht ernst (99). Vor Kramer hat er Angst (117). Doch als unglücklich Verliebter wird er zum »Krieger« (113). In Mias Verteidigung sieht er eine Chance, »der METHODE ein Bein zu stellen« (115).

Rosentreter entpuppt sich als Methodenfeind: »[…] der größtmögliche Triumph« (171) im Beruf – er deckt den Justizirrtum im Fall Moritz Holl auf, den er verbotenerweise mit dem ersten Alkohol seines Lebens begießt – stürzt ihn privat in eine Krise: Seine Geliebte, die der METHODE treu ergeben ist, trennt sich von ihm. Dennoch möchte Rosentreter seine Traumfrau – und auch sich selbst – schüt-

> Aufgabe der
> Verteidigung

zen, weshalb er Mias Verteidigung aufgibt. Doch dank seiner Weitsicht gibt der Präsident des Methodenrats letztlich dem Antrag des Verteidigers statt, was Mia vor dem Einfrieren bewahrt.

Drei Damen in weißen Kitteln. Mias Nachbarinnen lehnen stets am Treppengeländer im Wächterhaus, um Klatsch und Tratsch auszutauschen. Durch die weißen Kittel bilden die drei Klatschbasen eine Einheit, doch der äußere Schein trügt: Während die beiden älteren Damen Frau Holl nicht mögen, verehrt die Jugendliche Driss Mia und riskiert in der abschließenden Verhandlung ihre eigene Zukunft.

Klatschbasen

Lizzie und die Pollsche. Die beiden bleiben in der Beschreibung ähnlich blass wie ihre Kleiderfarbe und sind kaum voneinander abzugrenzen. Lizzie hat in jedem Zimmer ein Fernsehgerät (169). Die ängstliche Mutter einer kleinen Tochter nennt auch ihre Nachbarinnen »Kinder« (21). Die Pollsche – eigentlich Frau Poll (224) – liest Lizzie und Driss aus dem *Gesunden Menschenverstand* vor. Unter dem gemeinsamen Dach haben häusliche Sorge und Sauberkeit die höchste Priorität. Dort dulden sie keinen Störenfried wie Frau Holl, gegen die sie später als Zeugen aussagen. Stets auf Korrektheit bedacht, berichtigen und belächeln die Älteren die Jüngere: »Mensch, Driss, jetzt starr ihn [Kramer] nicht so an, das ist ja peinlich« (23).

Neugierige Nachbarinnen

Driss. Die Jugendliche ist ganz vernarrt in »die Mia« (23), die sie von klein auf anhimmelt. Allerdings gibt sie Kramer

freimütig Auskunft über Mia. Eine filmrei-
fe Romanze zwischen Kramer und Mia

Mias Verehrerin

phantasiert Driss in ihren Tagträumen: »In
Großaufnahme und Zeitlupe kann sie verfolgen, wie Mia
und Kramer auf dem Sofa einander langsam die Gesichter
zuwenden. [...] Gleich wird Kramer Mia küssen, wie es üb-
lich ist in Filmen, in denen die Menschen noch nichts von
der Verseuchung der Mundflora wissen« (65). Naiv und den
Mahnungen ihrer bevormundenden Nachbarinnen zum
Trotz hält Driss, »die größte Bewunderin« (78) von Mia, bis
zum Schluss zu ihrer »Held[in]« (193) – ohne wirklich zu
wissen, was genau vor Gericht verhandelt wird: »Die Mia
ist ein guter Terrorist!« (256).

Drei Blind Dates. Moritz hat die Angebote der Zentralen
Partnervermittlung (ZPV) schon früh ge-
nutzt. Die »[k]orrupte Hüterin am Tor des

Moritz' Frauen

Paradieses« (61) teilte ihm vor drei Jahren
die ›Sexgöttinnen‹ **Claudia** und **Kristine** zu. Nachdem er
sich ausgetobt hat, glaubt er, in »großen Seidenaugen« (96)
die Richtige gefunden zu haben. Moritz schwärmt Mia von
Sibylle Meiler vor: »Ich bringe einen Strauß Parolen zum
Rendezvous, den Duft der Freiheit und die Süße der Revolution. [...] In nur drei Tagen haben wir Zeilen gewechselt,
für die man uns volle drei Jahre in den Knast sperren könnte. Hauptsache, in eine gemeinsame Zelle. Das ist sie, Mia!
Ich spüre es« (96).

Der Beginn ist zugleich das Ende ihrer Liebesgeschichte,
weil er sie tot auffindet: »Ist das nicht ver-
rückt? Wäre sie noch am Leben gewesen,

Mordopfer

könnte ich jetzt wahrscheinlich einen ganzen Roman erzählen. So aber gibt es erstaunlich wenig zu sagen« (131).

Walter Hannemann. Er ist »[d]er mutmaßliche Mörder von Sibylle Meiler und der Knochenmark-spender von Moritz Holl« (167). Kurz nach-dem Rosentreter diese DNA-bedingte Dreiecksbeziehung aufdeckt, bringt Hannemann, »etwa fünfzig Jahre alt, glatt rasiert und mit tief eingegrabenen Falten« (167), sich um. So behauptet Kramer zumindest gegenüber Mia (209). Sie dagegen hält den systemtreuen Journalisten Kramer sowohl für den Mörder von Moritz als auch seines »Lebensretter[s]« Hannemann (208).

Moritz' Lebens-retter

Würmer. Der Nachwuchsjournalist, Anfang 20, moderiert seine eigene TV-Talkshow *Was alle denken* und »wirkt [...] wie der nervöse Chef einer Schülerzeitung. Seine ganze Karriere hat er der Aufgabe gewidmet, in die Fußstapfen [Kramers] [...] zu treten« (83). Unter dem Druck seines Vorbilds lässt Würmer sich in Mias Prozess als Kronzeugen vorführen und wird am Ende als *Niemand* instrumentalisiert.

Kramers Opfer

Personenkonstellation

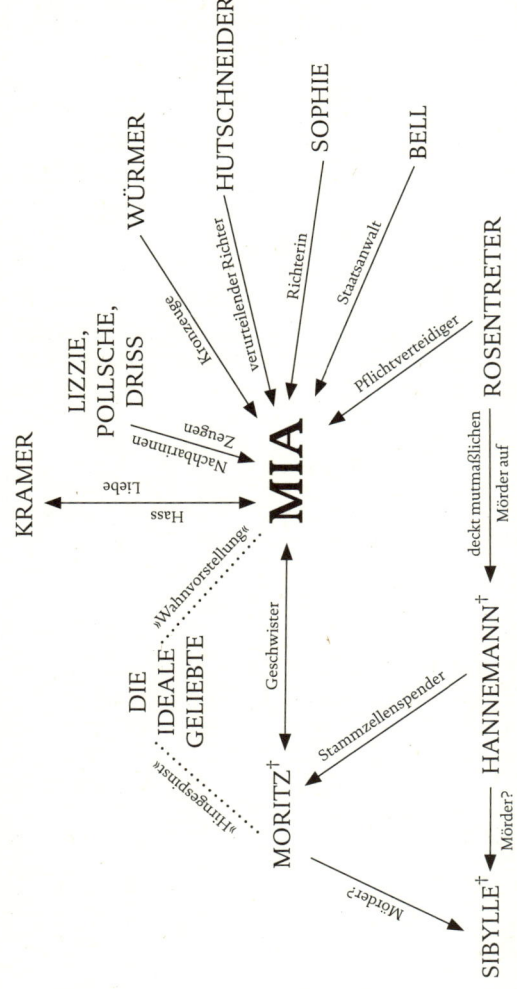

DIE IDEALE GELIEBTE

»Wahnvorstellung«

»Hirngespinst«

KRAMER

Liebe
Hass

WÜRMER

Kronzeuge

LIZZIE, POLLSCHE, DRISS

Nachbarinnen
Zeugen

HUTSCHNEIDER

verurteilender Richter

SOPHIE

Richterin

BELL

Staatsanwalt

ROSENTRETER

Pflichtverteidiger

deckt mutmaßlichen Mörder auf

MIA

Geschwister

MORITZ†

Stammzellenspender

HANNEMANN†

Mörder?

SIBYLLE†

Mörder?

4. Werkaufbau

Justizroman versus Tragödie

| Theaterstück |

Der Roman baut auf dem gleichnamigen Theaterstück (2007) *Corpus Delicti* auf. Die Romanfassung trägt den Untertitel *Ein Prozess*; der Text lässt sich als Justizroman, aber auch als Justizdrama deuten. Dass es sich hier um eine Tragödie handelt, bestätigt der Handlungsverlauf, den Elemente einer klassischen Tragödie prägen, d. h. Exposition (Vorstellung aller Charaktere und die Darstellung des Konflikts), steigende Handlung, Höhepunkt und Peripetie (plötzliche Wendung), retardierendes Moment (ein dramatisches Ende wird hinausgezögert) und Katastrophe.

| Dramatische Elemente |

Corpus Delicti eröffnet eine Exposition, die Einführung des zentralen Konflikts: Im ersten Kapitel stellt Kramer die Kernaspekte der Gesundheitsdiktatur vor, denen Moritz Holl zum Opfer fällt. Seine Schwester belastet sein Suizid; ihr eigenes Ende, ihre Verurteilung, nimmt der Erzähler schon im zweiten Kapitel »Das Urteil« vorweg. Dann steigert sich die Handlung durch Mias zunehmende Infragestellung der METHODE, die sie ursprünglich befürwortete. Schließlich kommt es in dem Kapitel »Der Härtefall« zum Höhepunkt des Romans: Rosentreter beweist Moritz' Unschuld. Mia wendet sich von der METHODE ab, der Wendepunkt des Justizdramas ist erreicht: »›Ab heute‹, sagt Mia langsam, ›macht *sein* Name [Moritz] jede Vernunft unmöglich. Ab heute tue ich alles aus Liebe und frei von Furcht‹« (174). Die Handlungsspannung fällt ab: Mia distanziert sich in dem Kapitel »Wie die Frage lautet« (186 f.) kategorisch und thesenhaft von der METHODE: »Ich entziehe einer Gesellschaft das Vertrauen, die aus Menschen besteht und trotzdem auf der Angst vor dem Menschlichen gründet« (186). Schließlich tritt die Katastrophe ein: Mia wird vor Gericht zum »Scheintod« (231) durch »Einfrieren auf unbestimmte Zeit« (259) verurteilt. Sie entgeht der Vollstreckung durch eine vermeintliche Begnadigung, damit sie nicht von den Systemgegnern – wie der R. A. K – als Märtyrerin gefeiert werden kann.

50 Roman-Kapitel

Die Ermittlung erstreckt sich über 50 Kapitel, die jeweils Wort- oder Satzteile aus dem jeweiligen Kapitel als Titel tragen. Während die ersten beiden (»Das Vorwort« [7 f.] / »Das Urteil« [9 f.]) sowie das letzte (»Zu Ende« [260–264]) leicht und verständlich sind, wirken die übrigen Überschriften zuweilen unkonventionell und auf den ersten Blick irritierend, geradezu verspielt. Man kann die 50 Kapitel – je nach Lesart und Interpretationsansatz – in verschiedene Kategorien einteilen:

Kryptische Kapitelüberschriften

Personenzentrierte Kapitel
Einige Titel kündigen die Personen an, die in dem jeweiligen Kapitel im Mittelpunkt stehen: »Die ideale Geliebte« (25–28) bezieht sich auf Moritz' Phantasieprodukt, »Ein netter Junge« (70–76) auf Rosentreter, »Wächter« (77 f.) auf Lizzie, Driss, Pollsche und »Würmer« (214–219) auf den Fernsehmoderator.

Moritz-Kapitel

Die Geschichte von Moritz Holl steht in den folgenden Kapiteln im Vordergrund: »Genetischer Fingerabdruck« (33–35), »Durch Plexiglas« (44–46), »Fell und Hörner, erster Teil« (60–63), »Das Ende vom Fisch« (90–97), »Ohne zu weinen« (130–134) sowie »Fell und Hörner, zweiter Teil« (147–150).

Allgegenwärtige METHODE *in den Medien*

Die Diktatur stellt ihre METHODE in den zentralen Medien des Gesundheitsstaates vor: in der Zeitung *Der Gesunde Menschenverstand*, im Radio, in der Talkshow *Was Alle Denken* und in Kramers Buch *Gesundheit als Prinzip staatlicher Legitimation*. Diese vier Medien werden in bestimmten Kapiteln genauer vorgestellt: »Das Vorwort« (7 f.), »Das Urteil« (9 f.), »Recht auf Krankheit« (83–89), »Bedrohung verlangt Wachsamkeit« (138–140), »Wie die Frage lautet« (186 f.) und »Der gesunde Menschenverstand« (199–201).

Mias Gerichtsverhandlungen einschließlich
des Kontexts

Diese Sequenzen erstrecken sich über den gesamten Verlauf des Romans: »Mitten am Tag, in der Mitte des Jahrhunderts« (11–19), »Bohnendose« (49 f.), »Saftpresse« (51–54), »Privatangelegenheit« (57–59), »Keine Güteverhandlung« (66–69), »Der Hammer« (98–104), »Das Recht zu schweigen« (151 f.), »Der Härtefall« (153–168), »Siehe oben« (250–259) und »Zu Ende« (260–264).

Wächterhaus

Das Wächterhaus spielt in fünf Kapiteln eine zentrale Rolle: »Pfeffer« (20–24), »Rauch« (64 f.), »Wächter« (77 f.), »Unser Haus« (135–137) und »Das ist die Mia« (169 f.).

In Mia Holls Wohnung

Mias Wohnung spielt als Rückzugsort ebenfalls eine wichtige Rolle, und zwar in den Kapiteln: »Die ideale Geliebte« (25–28), »Eine hübsche Geste« (29–32), »Keine verstiegenen Ideologien« (36–43), »Eine besondere Begabung zum Schmerz« (47 f.), »Nicht dafür gemacht, verstanden zu werden« (55 f.), »In der Kommandozentrale« (79–82), »Recht auf Krankheit« (83–89), »Which side are you on« (Liedtitel von Florence Reece aus dem Jahr 1931) (105–111), »Unzulässig« (112–115), »Schnecken« (116–125), »Ambivalenz« (126–129), »Ohne zu weinen« (130–134), »Die Zaunreiterin« (141–146), »Der größtmögliche Triumph« (171–176), »Die zweite Kategorie« (177–185), »Vertrauensfrage« (188–191) und »Sofakissen« (192–194).

Gefängnis-Kapitel

Sieben Kapitel spielen im Gefängnis: »Freiheitsstatue« (195–198), »Geruchlos und klar« (202–213), »Würmer« (214–219), »Keine Liebe der Welt« (220–228), »Mittelalter« (229–236), »›Es‹ regnet« (237–241) und »Dünne Luft« (242–249).

Zeitebenen

Der Roman weist zwei Zeitebenen auf: eine Erzählgegenwart von Mai bis Ende Juli / Anfang August sowie eine Erzählvergangenheit.

Erzählgegenwart mit Rückblenden in Erzählvergangenheit

Lässt man das Vorwort (1) mangels Jahresangabe außen vor, folgt der Fall Mia Holl im Präsens in fast chronologischer Kapitelreihenfolge, und zwar 3–6, 8, 10–12, 14, 16–21, 23–27, 29–31, 33–49 sowie 2 und 50. Dazwischen wird Mia von ihrer Vergangenheit eingeholt, in der ihr Bruder Moritz noch lebte. Im Präteritum stehen die Rückblenden ebenso (a)chronologisch gereiht, nämlich in 15, 22, 28, 32, 9. In beiden Fällen schaltet sich der allwissende bzw. auktoriale Erzähler zeilen- oder kapitelweise (7, 13) vermittelnd ein und weist explizit auf die bewusste Tempusverwendung hin: »Wählen wir für ein paar Minuten die Vergangenheitsform. Anders als Mia, bereitet es uns keine Schmerzen, im Präteritum an ihren Bruder zu denken« (60).

Zeitlich gesehen gehen die beiden aufeinander folgenden Justizskandale um das Geschwisterpaar Mia und Moritz Holl nahtlos ineinander über. Zeh erzeugt einen Spannungsbogen durch die verschachtelte Wiedergabe der Ereignisse, die jedoch auch durch viele Parallelen miteinander verbunden sind.

Auktorialer Erzähler

Der Roman wird überwiegend von einem auktorialen (allwissenden) Erzähler präsentiert. Er besitzt den Überblick über den komplexen Handlungsverlauf in *Corpus Delicti*

und beschreibt entsprechend das Innenle-
ben der Personen: »Mia tritt in die Pedale
und denkt an – was? Gehen wir der Ein-
fachheit halber davon aus, dass sie an Moritz denkt« (79).

Gedankenlesen

Der auktoriale Erzähler behält jederzeit die Übersicht
über Ort und Zeit. Auch gelingt es ihm, die
Menschen in ihren Eigenheiten plastisch
darzustellen: »Ihr [Mias] Gesicht strahlt je-
ne besondere Anmutung von Sauberkeit
aus, die wir auch an den Anwesenden beobachten können
und die allen Mienen etwas Unberührtes, Altersloses, fast
Kindliches gibt: den Ausdruck von Menschen, die ein Leben lang von Schmerz verschont geblieben sind« (17).

Erzähler verleiht
Personen Kontur

Auch kann der allwissende Erzähler seinen Bericht un-
terbrechen und die Zeit regelrecht aufhe-
ben, bzw. er vollzieht, anders formuliert,
souverän Zeitsprünge, die der Leser sofort
nachvollziehen kann: »Wenn wir durch das
Gewebe der Zeit hindurchschauen, als wäre es ein halb-
transparentes Gewand auf dem Körper des Ewigen, sehen
wir Mia und Moritz, vor nicht mehr als vier Wochen, in einem kahlen Raum des Untersuchungsgefängnisses. Sie betrachten einander prüfend, als sähen sie sich zum ersten
Mal« (44).

Spiel mit
der Zeit

Raumstruktur

Zu Beginn des dritten Kapitels landet der Leser nach der
Beschreibung einer Naturidylle mitten im Geschehen in
»Raum 20/09, in dem die Güteverhandlungen zu den
Buchstaben F bis H stattfinden« (12). Das Gericht, dessen

Wenige Hand-
lungsorte
Verhandlungssäle im Prozessverlauf immer größer werden, quasi mitwachsen, gehört zu den wenigen wiederkehrenden Or-
ten neben Mias Wohnung im Wächter-
haus, dem Gefängnis und der »Kathedrale« (60) in der
Natur.

Werkaufbau

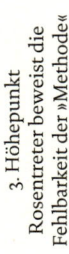
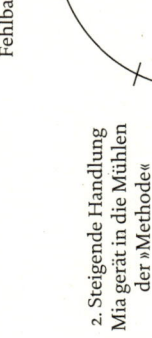
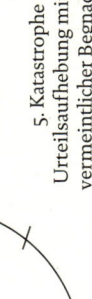

3. Höhepunkt
Rosentreter beweist die
Fehlbarkeit der »Methode«

4. Fallende Handlung
Mias Distanzierung von der
»Methode« mündet in einem
Pamphlet

2. Steigende Handlung
Mia gerät in die Mühlen
der »Methode«

5. Katastrophe
Urteilsaufhebung mit Mias
vermeintlicher Begnadigung

1. Exposition
Vorstellung des Gesundheitssystems
und der Verhandlungsteilnehmenden

5. Wort- und Sacherläuterungen

[Titel] Corpus Delicti: (lat.) Gegenstand, mit dem eine Straftat, ein Verbrechen begangen worden ist und der dem Gericht als Beweisstück dient. Menschen können im Kontext von Juli Zehs Dystopie auch als Corpus Delicti definiert werden, so Mia Holl.

9,7 Schwurgericht: besteht aus drei Richtern und zwei Geschworenen.

9,13 Schöffen: ehrenamtliche Laienrichter.

10,5 f. toxischen Substanzen: giftigen Substanzen.

12,10 Justitia: (lat.) Personifikation der Gerechtigkeit.

12,11 f. Güteverhandlungen: zielen auf eine gütliche Einigung, einen Vergleich (keine Verurteilung) ab.

13,15 Bagatelldelikt: geringfügige Straftat.

13,27 taxieren: einschätzen, prüfend betrachten.

14,12 Ethanol: Alkohol.

14,20 Zerebrale: das Gehirn betreffende.

15,27 Santé: (frz.) Gesundheit: Man begrüßt einander mit dem Heilruf Santé.

16,3 vierten Gewalt: informeller Begriff für die Medien, deren Macht neben der Gewaltenteilung in Exekutive (ausführende), Judikative (richtende) und Legislative (gesetzgebende) nicht zu unterschätzen ist.

21,19 Bakteriometers: misst die Bakterienverseuchung: Gerät, das es in der Realität nicht gibt.

22,14 Prophylaxe: Vorbeugung vor Krankheiten.

22,22 Fiskus: Finanzamt bzw. Staatskasse.

23,11 Hol mich der Virus!: vgl. »Hol mich der Teufel!«.

31,22 immunologisch: Immunologie (Substantiv): Lehre von den biochemischen und biologischen Grundlagen der körperlichen Abwehr von Krankheitserregern (z. B. Viren, Bakterien, Umweltgifte und Pilze).

31,22 kompatibel: zusammenpassend.

31,27 Schwadron: militärische Einheit, hier: große Menge.

34,5 Absolution: Vergebung von Sünden.

35,9 medialen Diskurses: Diskussion in unterschiedlichen Medien (Fernsehen, Zeitung, Bücher, Internet usw.).

35,11 Positivist: Vertreter des Positivismus bzw. einer Philosophie, die ihre Forschung auf das Positive, Tatsächliche, Wirkliche und Zweifellose beschränkt und sich dabei auf Erfahrung beruft.

36,7 bigotten Glauben: scheinheiligen Glaube.

36,22 f. filigraner Feinabstimmung: präziser Feinabstimmung.

38,26 per definitionem: von der Definition bzw. der Wortbedeutung her.

39,3 in romantischen Anachronismen: unter Verwendung veralteten romantischen (schwärmerischen, verklärenden) Gedankenguts.

39,5 Sophistereien: hier: betrügerischen Reden.

41,28 Die causa Moritz Holl: Der Fall Moritz Holl.

41,29 avancieren: sich entwickeln, vorrücken.

41,29 Fußnoten: Eine Fußnote ist eine Anmerkung, die am Fuß der Seite steht. Vor allem in wissenschaftlichen Arbeiten gibt es Fußnoten, mit denen man u. a. die Quellen, die man für die Arbeit benutzt hat, nachweist. Außerdem können dort weiterführende Erklärungen zum Forschungsgegenstand stehen.

49,10 Synapsen: der Übertragung von Reizen dienende

Verbindungen zwischen einer Nerven- oder Sinneszelle und einer anderen Nervenzelle oder einem Muskel.

61,13 deep throat: eine Variante von Oralsex.

62,3 Mikroben: Mikroorganismen wie zum Beispiel Bakterien, wenigzellige Pilze (u. a. Backhefe) und Algen. Die meisten Mikroorganismen sind Einzeller.

64,6 nostalgischen: ausschließlich auf die Vergangenheit ausgerichteten.

64,21 halbe Oktave: (lat.) eine Oktave umfasst 12 Halbtonschritte, hier also: eine deutlich wahrnehmbare Veränderung der Tonhöhe.

65,12 Mundflora: Flora: Pflanzenwelt, hier: Mikroorganismen im Mund.

66,9 ergonomischen: speziell für Körperbedürfnisse designten.

68,14 süffisanten: spöttischen.

68,17 Procedere: Vorgehen.

68,18 GStPO: StPO: Strafprozessordnung.

69,17 Tagessätzen: Tagessatz: durchschnittliches Einkommen eines Verurteilten pro Tag.

74,7 f. anfechten: Widerspruch einlegen.

77,14 denunziert: aus niedrigen Beweggründen angezeigt.

80,12 Proteine: Eiweiße.

84,25 Aufklärung: Im Zeitalter der Aufklärung (ca. 1650–1800) beziehen sich ihre Vertreter – wie etwa Philosophen – auf die Vernunft als zentrale Urteilsinstanz. Einer der bedeutendsten Philosophen der Aufklärung ist Immanuel Kant (1724–1804).

91,19 Blind Date: Verabredung mit einer unbekannten Person.

91,20 doggy style: eine Variante des Geschlechtsverkehrs, wie Hunde.

94,15 mythisches: hier: erfundenes, großartiges.

96,13 Rendezvous: (frz.) Treffen von Verliebten.

96,24 deep throat: vgl. Anm. zu 61,13.

98,23 Depression: schwere Gemütserkrankung.

99,16 renitenten Person: sich hartnäckig widersetzenden Person.

103,5 Implementierung der METHODE: Einrichtung, Umsetzung der METHODE.

105,1 Which side are you on?: Lied aus der Bergarbeiterstreikbewegung in den USA in den 1930er Jahren.

107,2 Kolloquium: hier: Lehrveranstaltung.

108,20 Nervenfieber: veraltet für Fieber, das die Zentralorgane des Nervensystems, hier das Gehirn, befällt.

110,6 f. Gesundheitstelematik: Verbindung von Gesundheit, Informatik und Telekommunikation.

110,12 Präambel: einleitende Sätze zur METHODE.

112,10 septischen Gefahr: blutvergiftenden Gefahr.

113,2 immunologischen Bagatelle: unbedeutende immunologische Angelegenheit.

114,21 Touché: (frz.) »getroffen« (aus der Fechtsprache).

116,18 Requisite: (frz.) Ausstattungsgegenstände zur Aufführung eines Films oder Bühnenstücks.

116,19 Flaneur: (frz.) Mensch, der planlos durch eine Großstadt geht und sie genießt.

119,26 akribisch: übergenau.

122,29 Kontrahenten: Gegner.

124,29: Leukämie: Blutkrebs.

127,5 Nihilist: jemand, der an nichts (lat. *nihil*) glaubt.

128,7 Ikone: hier: Sinnbild, Paradebeispiel.

128,15 Rousseau: Jean-Jacques Rousseau, französischsprachiger Philosoph (1712–1778), der in Genf geboren wurde. Berühmt ist seine Forderung »Zurück zur Natur«.

128,16 Dostojewski: Fjodor Michailowitsch Dostojewski (1821–1881) war einer der bedeutendsten russischen Schriftsteller. Er gilt als einer der hervorragendsten Psychologen der Weltliteratur.

128,16 Orwell: George Orwell (1903–1950) war ein englischer Autor, der vor allem durch seine beiden Romane *Animal Farm* (1945, dt: *Farm der Tiere*) und *1984* (1949) weltberühmt wurde.

128,16 Musil: Robert Musil (1880–1942) war ein österreichischer Schriftsteller, der vor allem durch seinen Schülerroman *Die Verwirrungen des Zöglings Törleß* (1906) und seinen unvollendeten zweiteiligen Roman *Der Mann ohne Eigenschaften* (1930/32) berühmt wurde.

128,17 Agamben: der Philosoph Giorgio Agamben wurde 1942 in Rom geboren. Als sein Hauptwerk gilt sein vierbändiges Werk *Homo sacer* (1995).

131,27 Rationalistin: Frau, die logisches Denken bevorzugt.

138,19 Kommilitonen: Mitstudenten.

141,3 Tiraden: (frz.) geschwätziger Redefluss, Wortschwall.

141,4 eines epischen Gedichts: hier: eines bedeutungsvollen, langatmigen, pathetischen Gedichts.

144,26 Fallobst: nicht geerntetes Obst, das am Boden verfault.

151,9 Passionsweg: Leidensweg. Christlich: der Weg von Jesus Christus von seiner Verhaftung bis zur Kreuzigung.

156,11 f. niemandem … Niemand: aus dem Indefinitpronomen »niemand« wird durch Großschreibung der Name »Niemand« (»Herr Niemand«), vgl. Odysseus und Polyphem in Homers *Odyssee*, wo dies Verwechslungsspiel zum ersten Mal in der Literatur auftaucht.

156,15 Kalauer: nicht sehr geistreicher Witz, meist auf einem Wortspiel beruhend.

157,1 f. Befangenheit: Voreingenommenheit.

162,22 Intermezzo: Zwischenspiel.

164,9 Leukozyten: weiße Blutkörperchen.

164,10 f. Seminar in klinischer Diagnostik: Seminar, das sich mit der Einordnung und Vermittlung von ärztlichen Untersuchungsergebnissen in einer Klinik beschäftigt.

164,29 f. monoklonalen Antikörpern: monoklonale Antikörper: spezielle, künstlich hergestellte Eiweiße, die z. B. verhindern, dass Organe nach einer Transplantation abgestoßen werden.

168,10 alkalisch: Alkalisch (in pH-Werten gemessen) ist das Gegenteil von sauer, wenn es um die Beschreibung von wässrigen Lösungen, Wasser oder Körperflüssigkeiten geht. Eine Flüssigkeit, die einen pH-Wert zwischen 7 und 14 hat, ist alkalisch.

168,14 Lipide: Fette oder fettähnliche Substanzen.

168,14 Mucine: Schleimstoffe, die von Hautdrüsen oder Schleimhäuten abgesondert werden.

171,5 Ouvertüre: instrumentales Musikstück als Vorspiel zu einer Oper und Operette.

171,6 Oratorium: großes Werk für Chor und Orchester.

172,16 versierte: kenntnisreiche.

173,1 Kastagnetten: Kastagnette: kleines Musikinstrument bestehend aus zwei ausgehöhlten Schälchen aus hartem Holz, die durch ein über den Daumen oder die Mittelhand gestreiftes Band gehalten und mit den Fingern gegeneinandergeschlagen werden, so dass ein rhythmisches Klappern entsteht.

173,13 Pas de deux: (frz.) das Duett einer Tänzerin mit einem Tänzer nach formalen Regeln.

175,12 f. pluralis majestatis: (lat.) Plural des Herrschers (»Wir von Gottes Gnaden«).

179,18 zum Konvertieren: zum Übertritt zu einem anderen Glauben.

181,12 D'accord: (frz.) einverstanden.

181,15 Synonym: (griech.) Synonyme: bedeutungsgleiche oder -ähnliche Wörter oder Wortgruppen. Beispiel: Tresen/Theke.

181,21 Demagoge: Hetzredner, Volksverführer.

182,10 der infantile Partisanenstolz: der kindliche Stolz von Untergrundkämpfern.

184,9 Gesinnungsprüfung: Prüfung der sittlichen Grundeinstellung.

190,13 Märtyrerin: Frau, die sich für ihre Überzeugung opfert oder Verfolgungen auf sich nimmt.

195,12 Isolationshaft: Form des Freiheitsentzugs, bei dem der Inhaftierte keinen Kontakt zu anderen Häftlingen hat.

195,16 Proklamation: (lat.) öffentliche Erklärung.

203,6 Manifeste: öffentliche Erklärungen von Absichten und Zielen, die oft politisch motiviert sind. Weltberühmt ist das *Manifest der Kommunistischen Partei* (1848) von Karl Marx und Friedrich Engels.

203,12 Allegorie: konkretes Bild für einen abstrakten Sachverhalt.

204,19 David gegen Goliath: biblische Geschichte (1. Samuel, Kapitel 17): Im Vertrauen auf Gottes Hilfe tritt der kleine David dem riesigen Gegner Goliath entgegen und kann ihn mit seiner Steinschleuder töten.

210,7 f. Niemand: vgl. Anm. zu 156,11 f.

214,7 Cityhopper: Flugzeug.

218,26 Corpus delicti: vgl. Anm. zu [Titel].

221,14 Obsession: Besessenheit.

223,4 f. Botulinum: (lat.) »Wurstgift«, hochgefährliche Giftart. Unterart: Botox.

227,23 perfide Metapher: hinterhältiges Sprachbild.

232,11 Anachronismus: etwas nicht Zeitgemäßes (z. B. die Bezeichnung Muhme statt Tante).

232,21 f. Vade retro!: (lat.) »Weiche zurück!«, eigentlich zur Abwehr des Teufels.

233,10 Epidemie: Seuche (z. B. Pest, Kinderlähmung, Grippe oder Cholera).

233,14 f. Prager Fenstersturz: Es gibt zwei Prager Fensterstürze, die als Ursache für zwei Kriege gelten: Der erste fand am 30. Juli 1419 statt: Hussiten (Anhänger von Jan Hus, der als Ketzer auf dem Scheiterhaufen hingerichtet wurde) stürmten das Rathaus am Karlsplatz und warfen zehn Personen aus dem Fenster. Danach begann der Hussitenkrieg (1419–34 und 1439). Der zweite Prager Fenstersturz vom 23. Mai 1618, bei dem drei Männer (zwei königliche Statthalter und ein Kanzleisekretär) aus einem Fenster des Königspalastes geworfen wurden, gilt als Auslöser für den Dreißigjährigen Krieg.

233,15 Sturm auf die Bastille: fand am 14. Juli 1789 statt und gilt als Auftakt für die Französische Revolution. Die Bastille (kleine Bastion) war Teil der Pariser Stadtbefestigung und wurde als Gefängnis genutzt.

233,15 f. Thronfolgermord in Sarajevo: Am 28. Juni 1914 wurden der Thronfolger Österreich-Ungarns, Erzherzog Franz Ferdinand, und seine Gattin Sophie Cotek bei einem Besuch in Sarajevo von einem serbisch-nationalistischen Attentäter ermordet. Der Mord löste die sogenannte Julikrise aus, die den Beginn des Ersten Weltkrieges einleitete.

233,26 f. annullieren: rückgängig machen.

234,24 Progressivität: Weiter-, Vorwärtsentwicklung.

234,24 f. irreversible: nicht rückgängig zu machende.

237,22 Spasmen: Krämpfe (Singular: Spasmus).

238,26 f. Kasmaneten ... Tiesel: sinnlose Begriffe.

240,12 penetranten: in unangenehmer Weise aufdringlichen.

242,7 Konterfei: Gesicht.

242,19 f. Kollateralschäden: sich nebenbei ergebende Schäden (wie zivile Opfer).

258,4 Guillotine: (frz.) Fallbeil, das zur Enthauptung dient.

263,26 Jeanne d'Arc: französische Nationalheldin (1412–31). Sie verhalf während des sogenannten Hundertjährigen Krieges (1337–1453) den Truppen der französischen Thronerben (Dauphines) zu einem Sieg über die Engländer und Burgunder. Gleichwohl wurde sie im Mai 1430 gefangen genommen und von dem pro-englischen Bischof Pierre Cauchon zum Tode verurteilt. Am 30. Mai 1431 wurde sie in Rouen auf einem Scheiterhaufen hingerichtet.

6. Interpretation

Corpus Delicti lässt sich von mehreren Blickwinkeln aus interpretieren, einige werden hier vorgestellt.

Mehrere Deutungsansätze

»Das Vorwort« (7 f.) führt den Autor Heinrich Kramer und die Gedankenwelt des herrschenden Systems ein, in dem Gesundheit an erster Stelle steht. »Das Urteil« (9 f.) stellt die wichtigsten Figuren vor und nimmt das Ende anscheinend vorweg. Die Verurteilung Mias als Staatsfeindin: »Sie wird deshalb zum Einfrieren auf unbestimmte Zeit verurteilt« (10).

Der Roman präsentiert einen Überwachungsstaat, der »darauf abzielt, jedem Einzelnen ein möglichst langes, störungsfreies, das heißt, gesundes und glückliches Leben zu garantieren. Frei von Schmerz und Leid« (36). Der gesunde Körper wird im Roman als Gipfelpunkt der Menschheit stilisiert. Wieso gewinnt der menschliche Leib solch eine Bedeutung?

Historischer Kontext und Körperkult: Der Körper ist alles, der Geist ist nichts

In dem Kapitel »Keine verstiegenen Ideologien« (36–43) rechnet Kramer mit den alten Staatsideologien ab: »Im Gegensatz zu allen Systemen der Vergangenheit gehorchen wir weder dem Markt noch einer Religion. Wir brauchen keine verstiegenen Ideologien. Wir brauchen nicht einmal den bigotten Glauben an eine Volksherrschaft, um unser System zu legitimieren« (36). Ins Visier gerät der Körper als Legitimation für

Staats-Körper

einen Staat: »Wir gehorchen allein der Vernunft, indem wir uns auf eine Tatsache berufen, die sich unmittelbar aus der Existenz von biologischem Leben ergibt«« (36). Kramer leitet aus dieser »Tatsache« ab, dass der »kollektive Überlebenswille« (36) die »»Grundlage der großen Übereinkunft [ist], auf die sich unsere Gesellschaft stützt«« (36).

Diesen Körperkult gibt es nicht erst seit Zehs *Corpus Deliciti*, er besitzt vielmehr eine lange Tradition. In der Moderne etwa versetzte der Philosoph Friedrich Nietzsche (1844–1900) der christlichen Religion den vermeintlichen Todesstoß. Das hatte auch Folgen für unser Körperideal. Nietzsche schlägt keine komplexe Schlacht, er geht vielmehr gelassen – ohne hermeneutische Verrenkungen – und äußerst effektiv an sein philosophisches und zugleich mörderisches Handwerk heran: »Es ist der Krieg, aber der Krieg ohne Pulver und Dampf, ohne kriegerische Attitüden, ohne Pathos und verrenkte Gliedmassen – dies Alles selbst wäre noch ›Idealismus‹. Ein Irrthum nach dem andern wird gelassen aufs Eis gelegt, das Ideal wird nicht widerlegt – *es erfriert …*«[3].

Eine der grundlegenden Fragen Nietzsches lautete, wie es nach der Infragestellung der tradierten Kultur mit Religion, Philosophie, Wissenschaft, Staat und Kunst weitergehen werde, zumal der Mensch nun keine dominante Sinnachse mehr besitzt, nach der er sich ausrichten könnte. Nietzsche wusste um dieses Vakuum, das für den Einzelnen einen Zustand metaphysischer Heimatlosigkeit zur Folge hatte: »Wir sind allen Idealen abgünstig, auf welche hin Einer sich sogar in dieser zerbrechlichen zerbrochenen Uebergangszeit noch heimisch fühlen könnte;«[4] Nietz-

Nietzsche und Körper

sches Rezept für diese Übergangzeit ist die Kunst als Heilsbringer.

In der profanen Welt dagegen sucht man verstärkt nach anderen Wegen, um die Krise der »Uebergangszeit« zu überwinden: Hier kommt unser Körper ins Blickfeld, er kompensiert scheinbar den Verlust der religiösen Gefühle: »Vielmehr scheint sich der Körper geradezu als Fluchtpunkt der Sinnlosigkeit zu eignen, wenn er nicht in der puren Faktizität beharrt, sondern unter dem Gesichtspunkt von Sport zum Ausgangspunkt einer eigenen Sinnsphäre dient. [...] Er präsentiert den nirgendwo sonst mehr so recht in Anspruch genommenen Körper. Er legitimiert das Verhalten zum eigenen Körper durch den Sinn des Körpers selbst«.[5]

> Körper = Fluchtpunkt der Sinnlosigkeit

In unserer Gesellschaft, wie auch in *Corpus Delicti*, gewinnt Sport eine immense Bedeutung. Sport ist zu einem allgegenwärtigen Wegbegleiter der Menschheit geworden, eine fleischgewordene Weltreligion. »Fit for fun« ist ein Schlagwort, das uns auf Schritt und Tritt begleitet, ein gut durchtrainierter Körper verspricht Vitalität und Gesundheit. Aber in Juli Zehs Roman treffen wir auf einen anderen Gesundheitsbegriff.

Gesundheit und Methode in der Diktatur

Heinrich Kramer hat – in Anspielung auf den realen gleichnamigen Hexenverfolger – auch eine Art *Hexenhammer* geschrieben. Der Journalist verfolgt mit seinem Bestseller (25. Auflage) *Gesundheit als Prinzip staatlicher Legitima-*

> Hexenhammer

tion alle Bürger, die nicht systemkonform sind. Bei allem Selbstvertrauen, das Kramer ausstrahlt, ist er sich doch dessen bewusst, wie anfällig die Diktatur ist: »›Ein simpler Verstoß gegen eine der Grundregeln kann diesen Organismus schwer verletzen oder sogar töten‹« (37).

Gesundheits-
definition

Der erfolgreiche Buchautor schreibt in seinem Buch kategorisch vor, was der Staat unter Gesundheit versteht, sie »ist ein Zustand des vollkommenen körperlichen, geistigen und sozialen Wohlbefindens – und nicht die bloße Abwesenheit von Krankheit« (7). Damit aber nicht genug: Gesundheit betrifft nicht nur den einzelnen Bürger, sondern vor allem das Kollektiv. Sie »führt über die Vollendung des Einzelnen zur Vollkommenheit des gesellschaftlichen Zusammenseins« (7). Jeder Bürger muss sich in der Diktatur diesem staatlichen Ziel unterordnen. Wer seinen Körper nicht pflegt, wird bestraft, weil er damit gleichzeitig den vermeintlich vollkommenen Staatskörper in Frage stellt. Kramer leitet diese Staatstheorie logisch zwingend, wie er meint, ab: »Gesundheit ist das Ziel des natürlichen Lebenswillens und deshalb natürliches Ziel von Gesellschaft, Recht und Politik« (7). Das scheint nachvollziehbar, aber es schließt nicht zwangsläufig das Wohlergehen aller Bürger im Staat ein und legitimiert keine unmenschliche Diktatur, die den Menschen aller individueller Freiheit beraubt.

Der Literaturwissenschaftler Immanuel Nove bemerkt dazu treffsicher: »Durch die staatlich definierte normative Setzung von Gesundheit/Krankheit wird in Zehs Text […] eine Repressionslogik erschaffen, die die totalitäre und exkludierende [ausgrenzende] Struktur der Herrschaftsfigur der ›Prävention‹ und die daraus resultierende Überwachung und Gewaltausübung im Namen der Gesundheit legitimiert.«[6]

Damit dieser Staat funktioniert, haben seine Machthaber, die namentlich nicht genannt werden, die METHODE eingeführt: Die dient der Überwachung seiner Bürger, sie ist ein Rechtssystem, das seine Mitglieder zu Hygiene und Gesundheit zwingt. In Kramers

Totalitäres Rechtssystem

Worten hört sich das harmlos an: »Wir haben eine METHODE entwickelt, die darauf abzielt, jedem Einzelnen ein möglichst langes, störungsfreies, das heißt, gesundes und glückliches Leben zu garantieren« (36). Die METHODE sorgt mit ihren ausführenden Organen – Methodenschutz, Höchstes Methodengericht und Methodenrat – für die Einhaltung der Regeln.

Der Methodenschutz ist eine Art Geheimdienst, der seine Bürger – sollte nur der geringste Verdacht gegen sie vorliegen – bis ins Letzte ausspioniert. Auch Mias Bruder Moritz, der auf der schwarzen Liste stand, wurde permanent beobachtet. Menschen geraten schon deshalb in Verdacht, weil Mitbürger sie verraten oder wenn ihre »Datenspur« Unregelmäßigkeiten aufweist. In *Corpus Delicti* taucht zwar das Wort »Internet« nicht auf, aber, so darf vermutet werden, es existiert, um die Informationsflut im Überwachungsstaat zu kontrollieren, denn »die Datenspur

Überwachungsstaat

eines Menschen [enthält] Millionen von Einzelinformationen [...], aus denen sich jedes beliebige Mosaik zusammensetzen lässt« (226).

Jeder Bürger, der die METHODE bekämpft, ist also ein Feind, denn er nimmt in Kauf, dass die Gesellschaft durch seinen Angriff in Chaos und Anarchie stürzt. Kramer formuliert deshalb seine Drohung: »Anti-Methodismus ist ein kriegerischer Angriff, dem wir mit Krieg begegnen werden« (89).

Außerdem glaubt er, dass die METHODE unfehlbar sei, was sich später aber als Irrtum erweist: Walter Hannemann hat die gleiche DNA wie der voreilig verurteilte Moritz Holl; damit kommen beide Männer als Mörder von Sibylle Meiler in Frage. Durch diesen Fehler hat die METHODE an Glaubwürdigkeit verloren: »Wie sollten wir den Menschen im Land die Existenz einer Regel erklären, wenn diese Regel nicht vernünftig und in allen Fällen gültig, mit anderen Worten, unfehlbar wäre?« (37)

Wer ist der Mörder?

Keimfreie Gesellschaft: die METHODE auch als Grundlage der Fortpflanzung

Die Gesundheitsdiktatur normiert und kontrolliert nicht nur jeden einzelnen Körper, sondern auch die Natur, die Kultur und die Liebe. Damit die Bürger systemkonform handeln, schaltet die Methode sie gleich, Individualität ist nicht erwünscht. Das spiegelt sich auch im gesamten Lebensraum der Bürger wider.

Natur, Kultur, Liebe

Auf den ersten Blick scheint der Staat sogar ökologisch auf dem höchsten Niveau zu sein: »Hier stinkt nichts mehr. Hier wird nicht mehr gegraben, gerußt, aufgerissen und verbrannt; hier hat eine zur Ruhe gekommene Menschheit aufgehört, die Natur und damit sich selbst zu bekämpfen« (11).

Auch Natur und Kultur scheinen eine ideale Symbiose zu bilden: »Rings um zusammengewachsene Städte bedeckt Wald die Hügelketten« (11). Aber hinter dieser oberflächlichen, pseudogrünen Scheinwelt agieren die Methodenschützer, die jede Verfehlung der Bürger registrieren und bestrafen. Sie sind allgegenwärtig, weil sie die Menschen auf Schritt und Tritt im Visier haben. Moritz nervt diese geheimdienstartige Transparenz: »Er mochte es nur nicht, wenn der Chip in seinem Oberarm mit den Sensoren am Wegrand kommunizierte« (90). Außerdem stehen die Menschen unter permanentem Gesundheitsstress, denn sie müssen ihre Körper optimieren und pflegen.

> Gesundheits-
> stress

Wächterhäuser sind keimfreie Vorzeigehäuser. Die ins Extrem gesteigerte Fortführung der schwäbischen Kehrwoche findet sich »[i]n Wohnkomplexen, deren Hausgemeinschaft sich durch besondere Zuverlässigkeit auszeichnet« (22). Eine Plakette der Wächterhaus-Initiative inklusive reduzierter Strom- und Wasserpreise verdienen sich Bewohner, die »[r]egelmäßige Messungen der Luftwerte […] [so]wie Müll- und Abwasserkontrolle[n] und die Desinfizierung aller öffentlich zugänglichen Bereiche« (22) selbstverantwortlich durchführen. Dass es Mias Nachbarinnen wichtiger ist, den äußeren Schein zu wahren, als ihr während des Prozesses Beistand zu leisten (136 f.), widerspricht eigentlich dem Gemeinschaftsgedanken der Wächterhäuser, der im Vordergrund stehen sollte.

> Wächterhäuser

Auch die Liebe ist im Staat minutiös geregelt, sie kommt einer pervertierten ›Zuchtauswahl‹ gleich. Solch eine Selek-

> Zuchtauswahl

tion forderte schon Platon (428/427 v. Chr. – 348/347 v. Chr.) in seinem politisch-philosophischen Werk *Der Staat*. Auch hier legt der Staat die Paare fest; nur die besten Männer dürfen mit den besten Frauen Kinder zeugen, damit nur das beste Erbgut an die Kinder weitergegeben wird. Auch im Nationalsozialismus forderte der Staat solch eine Selektion mit den Nürnberger Rassegesetzen.

In *Corpus Delicti* bahnt die ZPV, d. h. die Zentrale Partnerschaftsvermittlung, die Beziehungen zwischen Männern und Frauen nur dann an, wenn beide Körper immunologisch zusammenpassen. Die METHODE reduziert das Liebesleben auf das »Immunsystem« (113) und seine Kompatibilität. Allerdings kennt das kollektive Gedächtnis ein alternatives, aber verbotenes Liebesmodell, wie Mia berichtet. Früher, über Jahrtausende hinweg, war das Lieben weitaus individueller: »Bauerntöchter haben ihre Gutsherren geliebt. Nonnen den Klostergärtner. Brüder ihre Schwestern. Schülerinnen den Lehrer. Erwachsene Männer ihren besten Freund« (113). Diese Erinnerungen kann der Staat nicht ausradieren, sie implizieren ein Konfliktpotenzial, denn »heute lieben eben Tausende das falsche Immunsystem« (113). So zum Beispiel Dr. Rosentreter, der eine Frau liebt, die genetisch nicht zu ihm passt, und sich damit strafbar macht: »Nach der METHODE ist unzulässige Liebe ein Kapitalverbrechen. Wenn ich meine Liebe vollziehe, steht das auf einer Stufe mit dem vorsätzlichen Verbreiten von Seuchen« (113).

> Vorgeschriebene versus freie Liebe

Moritz Holl, der Einzelkämpfer und Naturliebhaber: deshalb ein Terrorist?

Terroristen, vermeintliche, gibt es auch in dieser Gesundheitsdiktatur. Nicht jeder Bürger akzeptiert das Kontrollsystem. Moritz Holl lebt in einer Gegenwelt, er möchte seine Individualität ausleben: »Aber der einzige Anspruch, den ich stelle, ist der auf meine persönliche Wirklichkeit« (149).

Er verneint das Fundament des Staates, den gesunden Körper, mit einem einzigen Satz: »Das Leben ist ein Angebot, das man auch ablehnen kann« (28). Er genießt das Leben in der alles andere als keimfreien Natur, obwohl sie Sperrgebiet ist: »Hier endet der nach Paragraph 17 Desinfektionsordnung kontrollierte Bereich. Verlassen des Hygienegebiets wird nach Paragraph 18 Desinfektionsordnung als Ordnungswidrigkeit zweiten Grades bestraft« (90).

Moritz' Regelverstöße

Moritz ignoriert dieses Verbot gelassen, geht in den Wald, macht Feuer, angelt und erfreut sich an dem natürlichen Geschmack seiner Beute, obwohl er in Berührung mit dem »vermutlich hochinfektiöse[n] Wasser« (91), wie die Methodenschützer argumentieren würden, gekommen ist.

Jean-Jacques Rousseaus (1712–1778) Forderung »Zurück zur Natur« ist berühmt. Der französische Philosoph entwickelte in seinem Erziehungstraktat *Emil oder Über die Erziehung* (1762) den Gedanken, dass zur ganzheitlichen Herausbildung des Ichs, den natürlichen Anlagen zu folgen sei: »Der natürliche Mensch ist sich selbst alles. Er ist die

Rousseau

ungebrochene Einheit, das absolute Ganze, das nur zu sich selbst oder seinesgleichen eine Beziehung hat.«[7] Im Gegensatz dazu eignet dem »homme civil«, dem vergesellschafteten Menschen also, nur noch ein gebrochenes Ich (»unité fractionnaire«). Moritz lebt in einer Gegenutopie, in der er sich als ›natürlicher Mensch‹ und nicht als instrumentalisierter Körper ausleben möchte. Diese Welt unterscheidet sich von den sterilen Städten der Diktatur. Sein Idealbild stellt ein Dichter vor: »Wo die Häuser Frisuren tragen aus rostigen Antennen. Wo Eulen in geborstenen Dachstühlen wohnen. Wo laute Musik, Rauchskulpturen und das satte Klicken von Billardkugeln aus den oberen Stockwerken maroder Industrieanlagen dringen«« (62).

| Ideale Stadt |

Auch bei der Wahl seiner Partnerinnen lässt er sich nichts von der Zentralen Partnerschaftsvermittlung vorschreiben, stolz berichtet er Mia von seinen Abenteuern, so zum Beispiel »vom Blind Date mit Kristine und ihren Fähigkeiten beim sogenannten *doggy style*« (91).

| R. A. K.: Recht auf Krankheit |

Heinrich Kramer instrumentalisiert Moritz und bringt ihn mit der R. A. K. in Verbindung, einer Gruppe, die sich gegen die METHODE wendet, auf das Recht auf Krankheit plädiert und damit die Diktatur frontal angreift. Kramer verurteilt die Widerstandskämpfer kontinuierlich, so veröffentlicht er am »14. Juli« – ironischerweise das Datum des Beginns der Französischen Revolution – seinen Artikel »Bedrohung verlangt Wachsamkeit« in *Der gesunde Menschenverstand* (138). Moritz hätte sich aber niemals dieser Gruppe angeschlossen, weil man ihn »zwingen [würde], bestimmte Dinge zu denken, zu sagen oder zu tun« (149).

Als Moritz im Gefängnis sitzt und er seine Individualität nicht mehr mit einer Partnerin oder in der Natur, seiner heiligen »Kathedrale« (60), ausleben kann, erfindet er für sich die »ideale Geliebte«, sein Alter Ego, das nur in seinem Bewusstsein existiert und die er dann an seine Schwester weitergibt. Er benutzt seine abstrakte Geliebte als imaginäre Probebühne, auf der er seine Probleme fiktiv diskutieren kann. Sein Alter Ego wird so – neben seiner Schwester – für ihn zu einer wichtigen Bezugsperson. Als Moritz aber klar wird, dass er seine Unschuld in dieser rigiden Diktatur nicht beweisen kann, tötet er sich mit dem einzigen Gegenstand, der ihn noch mit seiner geliebten Natur verbindet, der Angelschnur.

> Die ideale Geliebte

Mia Holl, die Staatsfeindin: eine Figur in ständiger Entwicklung

Die studierte Biologin ist Rationalistin und akzeptiert zunächst die Diktatur, der sie sich, ohne viel nachzudenken, unterordnet. Von staatsfeindlichen Egoismen hält sie nichts. Als ihr Bruder Moritz ihr von seiner Geliebten Kristine vorschwärmt, nennt »sie ihren Bruder einen vergnügungssüchtigen Egoisten« (91). Die Biologin akzeptiert auch – anders als ihr Bruder – die Körperfixierung des Staates: »»Der Körper ist uns Tempel und Altar, Götze und Opfer. Heilig gesprochen und versklavt. Der Körper ist alles. Eine Entwicklung von zwingender Logik«« (158).

> Mia, die Rationalistin

Aber der Tod ihres Bruders wirft sie aus der Bahn. Sie verkriecht sich in ihrer Wohnung, kommt ihren Pflichten nicht mehr nach und entwickelt sich zu einer politischen Aktivistin oder aus Sicht Kramers zu einer Terroristin. Das Kapitel »Wie die Frage lautet« (186 f.), gibt ihr Manifest gegen die Diktatur und ihr Bekenntnis als Staatsfeindin wieder: »Ich entziehe einer Gesellschaft das Vertrauen, die aus Menschen besteht und trotzdem auf der Angst vor dem Menschlichen gründet« (186).

Holls Sinneswandel

Auch ihre ›Karriere‹ vor Gericht steigert sich: Zunächst steht sie wegen einer vermeintlichen Bagatelle vor dem Amtsgericht, weil sie ihre Pflichtabgaben vernachlässigt, am Ende ist ihr Fall ein Staatsaffäre und sie ein Opfer eines ›modernen‹ Hexenprozesses, der die Diktatur als das zeigt, was sie wirklich ist, ein menschenverachtendes System, das »auf veraltete Maßnahmen« (234), mittelalterliche Foltermethoden zurückgreift, um ein Geständnis von Mia zu erzwingen. Mias Körper ist nun kein »Tempel und Altar« (158) mehr, sondern wird auf grausame Weise gefoltert.

Mia vor Gericht

Holl soll gestehen, dass ihr Bruder Kopf der terroristischen Vereinigung »Schnecken« war, dessen Position sie nach seinem Tod übernahm (210). Außerdem klagt Staatsanwalt Bell sie an, unter anderem wegen: »Führung einer terroristischen Vereinigung« (251), »Beihilfe zum Mord an Sibylle Meiler. Volksverhetzung. Widerstand gegen Vollstreckungsbeamte« (252).

Anklagepunkte

Mia Holl wehrt sich. In ihrem Plädoyer ruft sie zur Gewalt auf: »Brennt das Land nie-

Gewaltaufruf

der«, »Reißt das Gebäude ein. Holt die Guillotine aus dem Keller, tötet Hunderttausende! Plündert, vergewaltigt!« (258) Das Gericht verurteilt sie schließlich »zum Einfrieren auf unbestimmte Zeit« (259). Sie wird jedoch im letzten Moment begnadigt, damit sie nicht als »Märtyrerin« für die »Schnecken« und die R. A. K. gilt. Am Ende, im letzten Satz des Romans, scheint Holl mit sich im Reinen zu sein: »Denn erst jetzt ist sie – erst jetzt ist das Spiel – erst jetzt ist wirklich alles zu Ende« (264).

Intertextuelle Bezüge

Juli Zehs *Corpus Delicti* steht in intertextuellen Bezügen zu anderen literarischen Texten, vor diesem Hintergrund besitzt der Roman weitere Lesarten: »Der Begriff ›Intertextualität‹ impliziert, daß jeder Text über seine Grenzen hinausführt, ein Zusammenspiel und eine Kombination einer Vielzahl von Texten darstellt. Die Formen dieser Auseinandersetzung [...] sind entscheidend für die Konstitution des jeweiligen literarischen Textes«[8].

Der vordergründigste intertextuelle Bezug ist der *Hexenhammer* (1486) des historischen Heinrich Kramer, ein Standardwerk zur Hexenverfolgung. Er besteht aus drei Teilen: 1. Der Autor definiert, was er unter einer Hexe versteht. Sexuell unersättliche Frauen seien weitaus anfälliger für die heidnische Magie als Männer. 2. Im zweiten Teil werden unter anderem magische Praktiken beschrieben, sie beziehen sich auf den Geschlechtsverkehr und männliche Impotenz. 3. Kramer beschreibt differenzierte Regeln für Hexenprozesse und viele Foltermetho-

> Heinrich Kramers »Hexenhammer«

den, wie zum Beispiel das Zertrümmern der Hände auf einem Amboss oder das Schrauben und Ausbrennen der Zunge.

Auch mit einigen Romanen aus dem 20. Jahrhundert steht Zehs Roman in einem Beziehungsgeflecht: George Orwell stellt in seiner Dystopie *1984* einen diktatorischen Überwachungsstaat im Jahr 1984 vor. Winston Smith, die Hauptfigur des Textes, widersetzt sich – wie Moritz Holl – dem totalitären Regime, um sich seine Privatsphäre zu sichern. Aber der totalitäre Überwachungsstaat bestraft ihn mit der Todesstrafe, unterzieht ihn aber vorher noch einer Gehirnwäsche.

Dystopien im
20. Jahrhundert

1920 erschien Jewgenij Samjatins *Wir*, 1953 Ray Bradburys *Fahrenheit 451*, 1962 Anthony Burgess' *A Clockwork Orange*, und 1987 veröffentlichte Paul Auster seinen dystopischen Briefroman *Country of the Last Things*:

- In *Wir* ist das Glück – statt der Gesundheit in *Corpus Delicti* – das höchste Gut. Auch dieses Ziel soll in diesem Roman nur mit vollständiger Gleichschaltung und Aufgabe der individuellen Freiheit erreicht werden.
- Bücher fördern oft das freie Denken und können zum politischen Widerstand motivieren: In *Fahrenheit 451* lassen daher die Machthaber Bücher von Feuerwehrmännern verbrennen. Einer von ihnen, der 30-jährige Guy Montag, lehnt sich allerdings gegen dieses menschenverachtende System auf.
- In *A Clockwork Orange* wird Alex, der eine grausame Schlägertruppe anführt, ins Gefängnis gesperrt und gefoltert. Dort bekommt er eine Gehirnwäsche, damit er sich wieder in die Gesellschaft einordnen kann.

– *Country of the Last Things* erzählt von der abenteuerlichen Reise Anna Blumes, die ihren verschollenen Bruder William in einer ungenannten Großstadt sucht. In einem langen Winter kämpft sie neben Suizidgefährdeten, Plünderern, Fäkaliensammlern und Materialjägern ums Überleben.

Fazit der Perspektiven

Corpus Delicti ist zwar eine »Sciene-Fiction-Geschichte«, behandelt aber Probleme, die auch unsere Gesellschaft immer stärker beschäftigen und prägen: »Auch hier, in der Realität der Bonushefte und Selbstvorsorge, der pränatalen und frühkindlichen Rundum-Untersuchungen oder der Rauchverbote, greift der Staat bereits massiv schützend und lenkend in die Eigenverantwortung des Individuums ein.«[9] Auch in unserer Freizeit bestimmen Sport- und Gesundheitswahn zunehmend unser Leben. Der optimierte, schlanke und durchtrainierte

> Sport- und Gesundheitswahn

Körper wird zu einem Idealbild, einer Ikone erhoben, die sich als ästhetisches Objekt präsentiert, das Gesundheit, Authentizität, Natürlichkeit und Erfolg verkörpert. Außerdem präsentiert der auf solche Weise gestylte Körper Werte und Eigenschaften wie Erfolg, Disziplin, Zuverlässigkeit, sexuelle Potenz, Gesundheit und Selbstbewusstsein.

Diese Fokussierung auf die »Alpha-Anatomie« ist zuweilen alles andere als entspannend, zumal – im Extremfall – jede Winzigkeit des Körpers trainiert wird. Ei-

> »Alpha-Anatomie«

nen interessanten literarischen Reflex zum Körperwahn zeigt sich etwa in John von Düffels Roman *Ego* (2001). Über rund 250 Seiten beschreibt er die Körperbilder des Unternehmensberaters Philipp, der sich auf dem Weg zur »Alpha-Anatomie« befindet: »Mein Nabel macht wirklich Fortschritte. Er ist nicht mehr das Loch, das er mal war. Wenn ich das Sixpack etwas anhebe, sieht man, daß er leicht schräg verläuft. An der Unterseite ist er ein wenig flacher. Weiter oben sinkt er um etwa zwei Millimeter ab – die Stelle, an der ich immer messe. Neu ist das Häutchen, das sich um den oberen Rand spannt. [...] Ich bin von meinem Anblick hell begeistert und mache noch einmal fünfzehn Crunches in Superzeitlupe, damit das so bleibt.«[10]

Erstaunlich ist, wie früh sich auch etwa Bertolt Brecht mit Gesundheits- und Fitnesswahn beschäftigte. 1926 erschien sein Essay *Sport und geistiges Schaffen*: »Es gibt wirklich, allen Turnlehrern zum Trotz, eine beachtliche Anzahl von Geistesprodukten, die von kränklichen oder zumindest körperlich stark verwahrlosten Leuten hervorgebracht wurden, von betrüblich anzusehenden menschlichen Wracks, die gerade aus dem Kampf mit einem widerstrebenden Körper einen ganzen Haufen Gesundheit in Form von Musik, Philosophie oder Literatur gewonnen haben.«[11]

»Sport und geistiges Schaffen«

7. Autorin und Zeit

30. 6. 1974   Juli Zeh wird in Bonn als Tochter der Übersetzerin Barbara Zeh (gest. 2014) und des Juristen und ehemaligen Direktors des Deutschen Bundestags Wolfgang Zeh geboren.

21. 3. 1978   Ihr Bruder Christian wird geboren.

1984–93   Besuch des Privatgymnasiums Pädagogium Otto-Kühne-Schule in Bad Godesberg; Abitur als Jahrgangsbeste.

1993–98   Jurastudium.

1996–2000   Studium am Deutschen Literaturinstitut Leipzig (DLL).

1998   Zeh legt ihr erstes juristisches Staatsexamen mit der besten Abschlussnote in Sachsen ab.

2000   Zeh erhält den erstmals verliehenen Caroline-Schlegel-Preis (Essay).

1999–2001   Juristischer Aufbaustudiengang Recht der Europäischen Integration mit Magisterabschluss LL.M. Eur.

2001–03   Juristisches Referendariat am Landgericht Leipzig.

2001   Zehs erster Roman *Adler und Engel* (Abschlussarbeit des DLL) erscheint und wird in mehr als 30 Sprachen übersetzt.

2003   Zweites juristisches Staatsexamen.

2004   Ihr Roman *Spieltrieb* erscheint.

2005   Gastdozentin am DLL. 1. Verleihung des Per Olov Enquist-Preises im Rahmen der Göteborger Buchmesse.

16. 3. 2006   Uraufführung von *Spieltrieb* im Deutschen Schauspielhaus (Hamburg) nach dem gleichnamigen Roman.

2007   Gastdozentin am DLL; Erscheinen des Kriminalromans *Schilf*; 15. 9.: Uraufführung des für die Ruhrtriennale Essen in Auftrag gegebenen Theaterstücks *Corpus Delicti*; am 13. 12. wird am Münchner Volkstheater *Schilf* uraufgeführt.

28. 1. 2008   Zeh legt mit Rechtsanwalt Dr. Frank Selbmann eine Verfassungsbeschwerde gegen den biometrischen Reisepass ein; Veröffentlichung des Kinderbuchs *Das Land der Menschen*; Verleihung des Jürgen Bansemer & Ute Nyssen-Dramatikerpreises im Schauspiel Köln für das Bühnenstück *Corpus Delicti*; Auszeichnung mit dem Prix Cévennes.

2009   Die Romanfassung *Corpus Delicti. Ein Prozess* erscheint – ebenso wie die dazugehörige CD *Eine Schallnovelle* zusammen mit der Rockgruppe *Slut*; im August erscheint die politische Kampfschrift: *Angriff auf die Freiheit. Sicherheitswahn, Überwachungsstaat und der Abbau bürgerlicher Rechte* (zusammen mit Ilija Trojanow); am 5. 11. wird am Münchner Volkstheater das Stück *Der Kaktus* aufgeführt.

2010   Promotion an der Universität Saarbrücken im Fach Völkerrecht mit der Dissertation *Das Übergangsrecht*; Uraufführung von *Good Morning, Boys and Girls* zum Thema Amoklauf an Schulen am Düsseldorfer Schauspielhaus.

2011   Sachbuchveröffentlichung: *Das Übergangsrecht. Zur Rechtsetzungstätigkeit von Übergangsverwaltungen am Beispiel von UNMIK im Kosovo und dem OHR in Bosnien-Herzegowina.*

März 2012   Ihr Sachbuch *Die Diktatur der Demokraten. Warum ohne Recht kein Staat zu machen ist* erscheint;

30. 7.: Erscheinen des Romans *Nullzeit*; 30. 12.: das Bundesverfassungsgericht weist Zehs Verfassungsbeschwerde ab.

22. 3. 2013 Die Ursendung des Hörspiels *Nullzeit* läuft im SWR2; Oktober: die Verfilmung von *Spieltrieb* kommt ins Kino; Sachbuchveröffentlichung: *Was steht da zur Wahl? Über die Zukunft der Politik* mit Hamed Abdel-Samad und Herfried Münkler über die Grundlagen der Demokratie; Verleihung des Thomas-Mann-Preises; der von Zeh mitinitiierte internationale Autorenaufruf *Writers Against Mass Surveillance* gegen die umfangreichen Ausspähungen durch die Geheimdienste erscheint in über 30 Zeitungen weltweit.

2014 Uraufführung von *Nullzeit* am 8. 3. am Theater Bonn; Mai: Zeh schickt über DIE ZEIT eine Mahnung an Bundeskanzlerin Merkel, um endlich eine Antwort auf ihren Offenen Brief zu erhalten. Verleihung des Hoffmann-von-Fallersleben-Preises für zeitkritische Literatur.

2015 Zehs Bilderbuch *Jetzt bestimme ich, ich, ich!* erscheint; Auszeichnung mit dem Kulturgroschen des Deutschen Kulturrats für besonders kulturpolitische Verdienste in Berlin.

Juristin und Schriftstellerin

Juli Zeh arbeitet als Juristin in Brandenburg, neben dieser Arbeit schreibt sie in der Regel jeden Tag. Heinz-Peter Preußer hat 2010 ihren enormen Schaffensdrang quantitativ erfasst: »rund 2500 Seiten an Bucherstpublikationen innerhalb von

Schaffensdrang

neun Jahren, darunter alle drei Jahre ein großer Roman von 400 oder 500 Seiten; viele Nebenarbeiten als gefragte Essayistin und [...] als Juristin – auch hier ist eine Monografie zu verbuchen –, kommen hinzu«. Zu diesen 2500 Seiten kommen noch »weitere 500 Seiten Text«[12] rund um ihre Bühnenfassungen diverser Romane dazu. Und dies geht unvermindert so weiter.

Juli Zeh im Kontext der deutschen Gegenwartsliteratur

Zeh gehört zu den berühmtesten deutschsprachigen Autoren neben Schriftstellern wie Marcel Beyer, Friedrich Christian Delius, Ulrike Draesner, Tanja Dückers, Hans Magnus Enzensberger, Rainald Goetz, Günter Grass, Durs Grünbein, Peter Handke, Dieter Forte, Wilhelm Genazino, Elfriede Jelinek, Martin Mosebach, Daniel Kehlmann, Sarah Kirsch, Michael Krüger, Monika Maron, Friderike Mayröcker, Ingo Schulze, Botho Strauss, Uwe Timm, Hans-Ulrich Treichel oder Martin Walser. Auch diese Künstler setzen sich zuweilen kritisch mit der Gegenwart auseinander: Grass und Enzensberger mischen sich in viele Diskussionen ein. Grünbein reflektiert Gegenwart und Vergangenheit lyrisch und essayistisch, und Kehlmann meldet sich vor allem als Romanautor zu Wort. Goetz ist ein Meister der Kulturkritik, so zum Beispiel in seinem Blog *Abfall für alle*, der später auch als Roman erschien.

Kehlmanns zweiter Roman *Ruhm* erschien – wie *Corpus Delicti* – 2009. Die neun lose miteinander verbundenen Geschichten des

> **Gegenwarts-autoren**

> **Kehlmann**

Juli Zeh in der ARD-Talkshow »Günther Jauch«, 2013
© imago / Müller-Stauffenberg

Romans kreisen vor allem um Kommunikations-Probleme
mit dem Mobiltelefon und dem Computer. Die Figuren
tauchen auf und verschwinden wieder, ver-
ändern oder vertauschen ihre Identität. Identitätstausch
Schon im ersten Kapitel »Stimmen« dokumentiert Kehlmann die fatalen Handy-Auswirkungen: Der
Techniker Ebling besitzt ein Mobiltelefon, allerdings mit
der falschen Nummer. Sie gehört dem berühmten Schauspieler Ralf Tanner. Die Anrufe, zuweilen durchaus
schmeichelhafte, richten sich an Tanner, nicht an Ebling.
Der aber freundet sich mit der neuen Identität an, weil sie
sein tristes Eheleben verdrängt und seiner Phantasie freien
Lauf lässt.

Der im Titel angesprochene Ruhm zieht sich als Leitmotiv durch die meisten Kapitel. Ebling hält sich plötzlich für wichtig, weil er mit Leuten telefoniert, die ihn für den berühmten Schauspieler halten.

Juli Zeh, die politische Autorin

Vor *Corpus Delicti* hatte Zeh bereits drei Romane geschrieben, die sie besonders als politisch-moralisch interessierte Schriftstellerin auszeichnen. Zwei seien hier vorgestellt.

1. 2001 erschien *Adler und Engel*, ein Politthriller, Kriminalroman und eine Liebesgeschichte. Max, 33 Jahre alt, arbeitet als ehrgeiziger Jurist in Wien mit dem Schwerpunkt Völkerrecht.

Adler und Engel

Plötzlich taucht wieder seine Jugendliebe Jessie, die Tochter eines Drogendealers, auf. Sie ist in Drogengeschäfte verwickelt, diese Belastung treibt sie in den Wahnsinn. Als Max mit seiner neuen Freundin Jessie telefoniert, tötet sie sich selbst, weil sie Angst vor serbischen Paramilitärs hat. Max schockiert dieser Tod, er kündigt seinen Job und geht nach Leipzig, um sich selbst mit Kokain zugrundezurichten, ruft aber die Moderatorin Clara, Kummertante und Psychologiestudentin, im Radio an. Sie treffen sich mehrmals, und er spricht ihr seine Erinnerungen auf einen Recorder. Rückblenden erzählen von seiner Drogenvergangenheit. Schließlich zwingt Clara ihn zu einer Reise nach Wien, um seine Vergangenheit aufzuarbeiten, letztlich will sie eine Fallstudie als Diplomarbeit über Max und Jessie schreiben. Die Recherche dokumentiert Max und Jessies Verwicklungen im Balkan im Kontext von korrupten Drogenhändlern, Juristen, Bürgerkriegern und

UNO-Politikern. Auch Max' ehemaliger Chef aus der Kanzlei Rufus war im Drogenschmuggel mit serbischen Kriminellen tätig.

Zehs *Adler und Engel* wurde von der Kritik zuweilen euphorisch gelobt; es gab jedoch auch kritische Stimmen, die Zehs politisches Engagement und ihren Schreibstil relativieren. Der FAZ-Journalist Matthias Rüb schreibt in seiner Rezension *Verkokste Roadshow* am 9. Oktober 2001: »Vollends kindisch aber sind die beliebigen Anspielungen auf die Kriege im ehemaligen Jugoslawien, die von der Autorin eingestreut werden. [...] Die letzten Konzentrationslager in Bosnien wurden nach Ansicht der Autorin 1997 ›aufgelöst‹. Zu der Zeit war der Krieg schon zwei Jahre vorbei, und Lager gab es längst keine mehr. Wer's mit der Sprache nicht so genau nimmt, schludert auch gerne beim Inhalt.«[13]

2. Zehs zweiter Roman *Spieltrieb* (2004) schildert zwei Jahre aus dem Leben der Teenagerin Ada, die an einem Gymnasium im Bonner Villenviertel in eine Dreiecksbeziehung zu ihrem Mitschüler Alev und dem Lehrer Smutek gerät.

Die Autorin stellt ihr Buch in die Reihe von bedeutenden Schülerromanen bzw. Erzählungen, wie zum Beispiel: Hermann Hesses *Unterm Rad* (1906); Robert Musils *Die Verwirrungen des Zöglings Törleß*; Carl Sternheims *Die Hinrichtung* (1918); Franz Werfels *Der Abituriententag* (1928); Friedrich Torbergs *Der Schüler Gerber* (1930). Aber im Unterschied zu diesen Texten werden »nicht die Schüler zu Opfern einer herrschsüchtigen Erwachsenenwelt«, sie sind vielmehr »Tyrannen«, ja sogar »Terroristen«.[14]

Spieltrieb

Tradition des Schülerromans

Ada, Alev und Smutek

Die intelligente Außenseiterin Ada gewinnt Auftrieb durch den neuen, drei Jahre älteren Mitschüler Alev. Er zieht sie schnell in seinen Bann, begeistert sie für die Spieltheorie und entwickelt einen perfiden Plan: Ada verführt den Sportlehrer Smutek, der ihr zugewandt ist, seitdem sie seine suizidgefährdete Frau aus einem zugefrorenen See gerettet hat. Alev belegt die ritualisierten Treffen zum Sex zwischen Ada und Smutek mit Fotos, die er passwortgeschützt auf die Schulwebsite stellt. Ada und Alev profitieren von der Erpressung des Lehrers, doch dies »Spiel« gerät außer Kontrolle, als Ada und Smutek sich Alevs Macht entziehen wollen. Nach einem Gewaltakt landet der Fall auf dem Tisch von Richterin Sophie, die sich als Ich-Erzählerin entpuppt.

Dreimal *Corpus Delicti*

Werk in drei Medien

Juli Zeh hat ihre Geschichte um eine Gesundheitsdiktatur in drei Medien getestet: 2007 wurde *Corpus Delicti* als Theaterstück aufgeführt, 2009 erschien der Roman und im gleichen Jahr folgte ein Hörspiel. Die Rockgruppe *Slut* (engl. Schlampe) aus Ingolstadt hat zu Zehs Roman sieben neue Songs komponiert; die Autorin lieferte zu jedem Lied passende Textpassagen und den neuen Titel: *Corpus Delicti – Eine Schallnovelle.*

Diese drei Kunstformen zeichnen sich durch spezielle Eigenarten aus: Beim Theater stehen die Körperlichkeit und die gesprochene Sprache im Vordergrund, beim Roman die Phantasie des Rezipienten und bei der Musik das

Klangerlebnis. Zeh hat sich mit dieser Dreifachverwertung nicht nur als kluge Geschäftsfrau erwiesen, sondern auch als Autorin, die ihre kritische Auseinandersetzung rund um die komplexe Gesundheitsdiktatur flächendeckend einem großen Publikum vermitteln möchte.

8. Rezeption

Juli Zehs Roman wurde unmittelbar nach seiner Veröffentlichung ausführlich im deutschsprachigen
Feuilleton besprochen, zumal die Autorin
zu den bekanntesten deutschen Schrift-
stellerinnen zählt, so zumindest der Ger-
manist Heinz-Peter Preußer: »Juli Zeh gilt als eine politische Autorin, eine moralische Instanz, als Intellektuelle,
der es immer um die großen, philosophischen, die an-
spruchsvollen Themen geht.«[15]

Besprechung im Feuilleton

Es gibt aber auch kritische Stimmen, die ihr vorwerfen,
sie sei zu umtriebig, sie mische sich zu oft in brisante ge-
sellschaftliche Debatten ein, auf die sie dann literarisch reagiert. Davon profitiert die Autorin, so der Literaturkritiker
Rainer Moritz 2009, zumindest finanziell: »Und da es sich
Kritiker und Juroren hierzulande angewöhnt haben, Bücher zuerst aufgrund ihrer inhaltlichen Brisanz oder Origi-
nalität zu beurteilen, ergoss sich in den
letzten Jahren eine wahre Preisflut über die
couragierte Juli Zeh.«[16] Der Kritiker ver-
misst bei diesen Preisvergaben aber die Bewertung der äs-
thetischen Dimension von Literatur.

Preisflut

Moritz stellt *Corpus Delicti* kein gutes Zeugnis aus, die
Autorin liefere lediglich »bescheidene[] literarische Mit-
tel«[17] und er belegt das treffsicher: »Der stilistische Auf-
wand hält sich in Grenzen, wobei Juli Zeh ihren berüchtigten metaphorischen Überschwang weitgehend im
Zaum hält und es nur selten zu grösseren
Missgriffen (›Unter dem Fenster machte
sich die Ermangelung einer Schlafstät-
te breit.‹) kommt.«[18] Außerdem rage »der

Moralischer Zeigefinger

warnende Zeigefinger in die Höhe« und solch ein offenkundiges Moralisieren schade dem Roman. Zeh bezeichnet den Text selbst als »didaktische[s] Buch«[19], also als einen Text, der seine Leser vor allem belehren möchte.

Auch der Journalist Wolfgang Höbel kritisiert in seiner Rezension *Hexe im Tiefkühlfach* (2009) Zehs Schreibstil: Sie gerate »manchmal ins Schlingern, wenn sie lyrische Pirouetten dreht«.[20] Aber ihre Gesellschaftskritik sei gelungen, »wenn [ihre] Helden über die gentechnische Optimierung der Körper streiten, über das Versprechen globaler Sicherheit, über das ›Recht auf Krankheit‹«.[21]

Die Journalistin Evelyn Finger bezeichnet *Corpus Delicti* in ihrer Rezension schon im Titel als *Das Buch der Stunde.* Sie ordnet den Roman auch historisch ein, indem sie den Bezug zu der nationalsozialistischen Diktatur in

> Historische Einordnung

Deutschland aufführt: »Manchen Lesern mag eine Reminiszenz an den Nationalsozialismus in einer Erzählung aus dem Jahr 2050 altmodisch vorkommen, weil sie glauben, das Jahrhundert der Diktaturen sei vorbei.«[22] Dieser Vergleich sei durchaus stimmig, wenn man bedenkt, dass Diktaturen auf je unterschiedlichen Ideologien beruhen. In Zehs Dystopie steht die Körperideologie im Vordergrund, der Roman »erzählt von der Zurichtung des privaten Körpers im Namen eines Staatskörpers«.[23] Und er warnt davor, dass wir uns von unserer Demokratie einschmeicheln lassen und die Gefahren der permanenten technischen Überwachung unterschätzen. Zeh möchte unserer »körperfixierten Gesellschaft die Augen öffnen, die aus Stolz auf den historischen Sieg der Demokratie blind ist für das Fortwirken des Totalitären«.[24]

Der Journalist Christian Geyer diskutiert in seiner Rezension *Geruchlos im Hygieneparadies* einen anderen Aspekt der Diktatur, nämlich die »Diktatur der Vorsorge«. Prävention hat in unserem Gesundheitswesen einen hohen Stellenwert. Jeder gesetzlich Versicherte hat – je nach Alter – Anspruch auf Vorsorgeuntersuchungen, und die angebotene Palette ist vielseitig: unter anderem in Bezug auf verschiedene Krebsarten, Herz-Kreislauf- und Nierenerkrankungen und Diabetes. Allerdings, so Mediziner, seien nicht alle Untersuchungen sinnvoll, manche sogar schädlich. Geyer dagegen kritisiert, dass die gegenwärtige »Kulturkritik« sich gar nicht um diese Thematik kümmert: »Obwohl immer mehr Lebensbereiche von der Prävention durchherrscht werden, liegt die Kulturkritik dieser Herrschaftskultur brach.«[25] Im literarischen Bereich hat Juli Zeh mit *Corpus Delicti* diese Vorsorgekultur mit Nachdruck hinterfragt. Auch hier drückt sie ihr politisches und moralisches Engagement aus: »Juli Zeh tritt uns in ihrem neuen Werk als Moralistin gegenüber, als die wir sie in ›Adler und Engel‹ und ›Schilf‹, aber auch durch manche aktuelle politische Stellungnahme kennen.«[26]

> Vorsorgepflicht

Der Mediziner und Wissenschaftsredakteur Harro Albrecht wirft in seiner Rezension *Für ein bisschen Diktatur* einen anderen Blickwinkel auf die Gesundheitsdiktatur. Als Arzt weiß er, dass staatlicher Zwang die Menschen im Verlauf der Geschichte von vielen Krankheiten befreit hat. Ein Beispiel: »Im 18. Jahrhundert starben in Europa jedes Jahr 400 000 Menschen an den Pocken, ein Drittel aller Überlebenden erblindete.« Als Edward Jenner die Pockenimpfung (1796) entwickel-

> Staatszwang als Krankheitsbefreiung

te, verweigerten viele die lebensrettende Immunisierung: »Daraufhin drohten die Behörden mit Strafen. In Würzburg riskierten Eltern, die ihre Kinder nicht impfen lassen wollten, Geldstrafen oder sogar Gefängnis bei Wasser und Brot. Das überzeugte. Nach und nach verschwanden die Pocken aus Europa.«[27] Als die Weltgesundheitsorganisation 1967 weltweit die Ausrottung der Krankheit beschloss, »erkrankten weltweit noch 15 Millionen Menschen«[28] an Pocken. Seit 1977 gilt diese Krankheit als ausgerottet.

Auch einige wenige Literaturwissenschaftler haben sich in den letzten Jahren mit *Corpus Delicti* auseinandergesetzt. Die Wissenschaftler kommen zu ähnlichen Ergebnissen wie die vorgestellten Journalisten, etwa der Germanist Immanuel Nover in seinem Aufsatz

> Geringes Echo in der Literaturwissenschaft

Der disziplinierte Körper – Ethik, Prävention und Terror in Juli Zehs »Corpus Delicti« (2013): »Die ›Politisierung des nackten Lebens als solches‹, die [der Philosoph] Giorgio Agamben als ›das entscheidende Ereignis der Moderne‹ erkennt, wird hier über die gesundheitliche Prävention initiiert; die Einbeziehung des Körpers in die Politik markiert nach Agamben dabei ›eine radikale Transformation der klassischen politisch-philosophischen Kategorien‹, da der Staat sein Herrschafts- und Zugriffssystem nun bis auf das ›natürliche Leben‹ ausweite und somit ›Politik in Biopolitik‹ verwandele.«[29]

9. Checkliste

Erstinformation zum Werk

1. Schreiben Sie eine Rezension/Kritik zu *Corpus Delicti*. Sie soll 1800 Tastaturanschläge umfassen.
2. Stellen Sie mit Hilfe eines Literatur-Lexikons Informationen über die Form der Dystopie zusammen und dokumentieren Sie Ihre Ergebnisse anhand einer Mindmap.
3. Arbeiten Sie die aktuellen Bezüge von *Corpus Delicti* heraus und stellen Sie diese mit einer PowerPoint-Präsentation dar.

Inhalt

1. Wieso ist der Roman *Corpus Delicti* seit seiner Veröffentlichung so erfolgreich?
2. Vergleichen Sie in einer Facharbeit die Figuren Mia Holl und Sophie.
3. Erstellen Sie gemeinsam mit Ihren Mitschülern einen Hypertext zu *Corpus Delicti*.
4. Skizzieren Sie stichpunktartig den Inhalt des Romans. Tragen Sie anschließend Ihre Resultate in Form einer Rede vor.
5. Formulieren Sie einen Klappentext, der Ihre Freunde zum Kauf des Romans animiert. Der Text darf nicht länger als 400 Anschläge sein.

Personen

1. Erklären Sie Ihren Mitschülern die Personenskizze auf Seite 27 in Form eines Vortrages.
2. Suchen Sie Informationen zu Heinrich Kramers *Hexen-hammer* (1486) und stellen Sie Ihre Erkenntnisse Ihren Mitschülern vor.
3. Sammeln Sie Material zu der ›Hexe‹ Maria Holl (1549–1634) und vergleichen Sie diese mit Zehs Figur Mia Holl.
4. Setzen Sie sich in Form einer Gerichtsverhandlung mit den Verfehlungen von Mia Holl (optional: Moritz Holl oder Gesundheitsdiktatur) auseinander. Die Schüler übernehmen die Rollen von Richter, Staats- und Rechts-anwalt.
5. Schreiben Sie einen Zeitungsartikel über Mia Holl mit dem Titel »Eine Frau gibt niemals auf«.
6. Nehmen Sie Stellung zu der folgenden Charakterisie-rung Sophies: »Hübsch, jung, blond bezopft und gerade deshalb eine perfekte Horrorvision.« (53)
7. Schreiben Sie einen Aufsatz, in dem Sie die Funktion der imaginären Geliebten herausarbeiten.

Werkaufbau

1. Erklären Sie Ihren Mitschülern den Werkaufbau (Skizze) auf Seite 35 in Form eines Vortrages.
2. Erklären Sie in Form eines Kurzvortrags die zeitliche Struktur des Textes.
3. Skizzieren Sie stichpunktartig die wichtigsten Hand-lungsorte.

4. Schreiben Sie einen Aufsatz über die Rolle der Natur im Roman. Belegen Sie Ihre Argumente mit entsprechenden Zitaten.

Interpretation

1. Welche Rolle spielt der menschliche Körper in *Corpus Delicti*?
2. Nietzsche beschreibt den Sinnverlust (hier S. 46 f.) in der europäischen Gesellschaft. Nehmen Sie in diesem Kontext kritisch Stellung zu Kramers Zitat: »Nach den großen Kriegen des zwanzigsten Jahrhunderts hatte ein Aufklärungsschub zur weitgehenden Entideologisierung der Gesellschaft geführt. Begriffe wie Nation, Religion, Familie verloren rapide an Bedeutung« (88).
3. Die Weltgesundheitsorganisation definierte 1986 in der »Ottawa-Charta zur Gesundheitsförderung« Gesundheit als »ein umfassendes körperliches, seelisches und soziales Wohlbefinden« und nicht als das bloße Fehlen von Krankheit. Vergleichen Sie diesen Gesundheitsbegriff mit dem aus *Corpus Delicti*.
4. Nehmen Sie Stellung zu Mia Holls Aussage: »»Erst nannten wir es Christentum, dann Demokratie. Heute nennen wir es METHODE. Immer absolute Wahrheit, immer das reine Gute, immer das zwingende Bedürfnis, die ganze Welt damit zu beglücken. Alles Religion« (181).
5. Belegen Sie die These, dass Moritz, Mia, Sophie, Rosentreter, Kramer und Hutschneider aus Liebe – zu wem oder was auch immer – handeln, mit entsprechenden Stellen aus dem Roman.
6. Mias Dachgeschosswohnung im Wächterhaus wird frei.

Schreiben Sie mit Hilfe von entsprechenden Textpassagen eine einladende Anzeige, um einen Nachmieter zu finden.

7. Interpretieren Sie Mias Pamphlet (186 f.).
8. Kramer schätzt die Natur so ein: »Die Liebe zur Natur ist der Prolog zur Menschenliebe« (123). Beziehen Sie diesen Satz auf Moritz Holl.
9. »Ihre [Mias] seltsame Bereitschaft, einem Raubtier wie Kramer Tür und Tor zu öffnen! In Rosentreters Augen ist das Obsession, Masochismus, um nicht zu sagen: Geistesgestörtheit« (221). Finden Sie Textstellen, die Rosentreters Einschätzung unterstützen bzw. entkräften.
10. Schreiben Sie einen Bericht aus Sicht der idealen Geliebten an Moritz, der Mias Veränderungsprozess zusammenfasst.
11. Interpretieren Sie diesen Satz von Moritz: »Der freie Mensch gleicht einer defekten Lampe« (238).
12. Im letzten Satz kommt dreimal die Formulierung »erst jetzt ist« (264) vor. Was könnte das bedeuten?
13. Arbeiten Sie intertextuelle Bezüge von *Corpus Delicti* anhand eines der im Kapitel »Intertextuelle Bezüge« (S. 57–59) genannten Romane heraus.
14. Nehmen Sie Stellung zu Bertolt Brechts Textsequenz (S. 60) aus seinem Essay *Sport und geistiges Schaffen*.

Autorin und Zeit

1. Wie beurteilen Sie Zehs politisches Engagement?
2. Visualisieren Sie Zehs tabellarischen Lebenslauf mit Bildern, die Sie im Internet recherchieren. Stellen Sie die Bilder mit den Daten aus der Tabelle zu einer aussa-

gekräftigen Präsentation (PowerPoint, Prezi etc.) zusammen.

3. Sichten Sie Zehs Facebook-Profil. Vergleichen Sie ihre Aktivitäten dort mit ihren Äußerungen zu Datensicherheit, Überwachung und Freiheitsberaubung an anderen Stellen.

4. Bereiten Sie ein Interview mit Juli Zeh vor. Formulieren Sie zehn Fragen, die Sie zu Zehs Werken und ihrer Person interessieren.

5. Lesen Sie Daniel Kehlmanns *Ruhm* und stellen Sie das Buch ihren Mitschülern vor. Diskutieren Sie in diesem Kontext auch das Thema Datensicherheit.

6. Hören Sie sich *Corpus Delicti – Eine Schallnovelle* an, stellen Sie ausgewählte Songs Ihren Mitschülern vor und begründen Sie Ihre Auswahl.

Rezeption

1. Heinz-Peter Preußer äußert sich zu Juli Zehs Schreibstil, bewerten Sie seine Einschätzung: »Ihre metaphernreiche Sprache loben manche als kühn, andere kritisieren sie als überladen oder schlicht misslungen. Mit diesem Mix aus gesellschaftlichem Anspruch, rhetorischem Pathos und umgangssprachlichem Drive hat sie zumindest ihren ganzen spezifischen, ja unverkennbaren Stil geformt, der sie in manchen Kreisen zur gefeierten Autorin macht, in anderen zur kritischen Stimme ihrer Generation erhebt.«[30]

2. Schreiben Sie einen zweiseitigen Essay über Zehs Prosastil. Belegen Sie Ihre Argumente auch mit passenden Zitaten.

3. Schreiben Sie eine Rezension (1800 Anschläge) über den Roman, entscheiden Sie sich für eines der drei Themen: 1. »Heinrich Kramer – die Macht der Manipulation«, 2. »Lutz Rosentreter – Methodenfreund/Methodenfeind?«, 3. »Mia Holl – eine Widerstandskämpferin?«

4. Nehmen Sie Stellung zu dem folgenden Zitat: »Heute ist die Bedrohung durch tödliche Seuchen im kollektiven Gedächtnis verankert. Bei solchen Bedrohungen würden die Menschen auch die Einschränkungen der individuellen Freiheit dulden und sogar fordern. Auf staatlicher Ebene ist die Sorge um die Seuchen in das Infektionsschutzgesetz eingeflossen, das im Notfall die Grundrechte ›der körperlichen Unversehrtheit, der Freiheit der Person und der Unverletzlichkeit der Wohnung‹ einschränkt.«[31]

5. Das Bildungsministerium wünscht von den Schülern eine Stellungnahme, ob *Corpus Delicti* weiterhin in der Oberstufe gelesen werden soll. Legen Sie Ihren Standpunkt begründet dar.

10. Lektüretipps / Filmempfehlung

Textausgabe

Juli Zeh: Corpus Delicti – Ein Prozess. Frankfurt a. M.: Schöffling & Co., 2009.
– Corpus Delicti – Ein Prozess. 14. Aufl. München: btb Verlag, 2010. – *Nach dieser Ausgabe wird zitiert.*

Zur Biografie der Autorin

Preußer, Heinz-Peter: Juli Zeh. In: Kritisches Lexikon zur deutschsprachigen Gegenwartsliteratur, KLG. Hrsg. von Heinz Ludwig Arnold. München: Edition Text + Kritik. 94. Neulieferung März 2010. 15 Seiten. [Zuzüglich acht Seiten Bibliografie.]

Zur Literaturgattung Dystopie

Preußer, Heinz-Peter: Dystopia and Escapism. On Juli Zeh and Daniel Kehlmann. In: Literatur für Leser 33 (2010) H. 2 [2011]. Sonderheft: Legacies of German Unification. Literature and Culture in the New Republic. Hrsg. von Sabine Wilke. S. 95–104.
Smith-Prei, Carrie: Relevant Utopian Realism – The Critical Corporeality of Juli Zeh's *Corpus Delicti*. In: Seminar 48 (Februar 2012) H. 1. S. 107–123.

Zum Werk und Kontext

Baureithel, Ulrike: Im Trainingscamp. In: Der Freitag. 25. 6. 2009. [Zu *Corpus Delicti* und zu Peter Sloterdijks *Leben ändern*.]
Bear, Hester / Hill, Alexandra Merley (Hrsg.): German Women's Writing in the Twenty-First Century. Rochester 2015.
Bittner, Jochen: Finger weg, Otto! In: Die Zeit. 31. 1. 2008. [Zur Verfassungsklage biometrischer Pass.]

Boenisch, Vasco: Schreib uns eine Hexenjagd. In: Süddeutsche Zeitung. 17. 9. 2007. [Zum Theaterstück *Corpus Delicti*.]

Brodnig, Ingrid: Recht auf Heimlichkeit. In: Falter. Wien: 24. 9. 2009. [Zu *Corpus Delicti – Eine Schallnovelle*.]

Fetz, Bernhard: Was ist gegenwärtig an der gegenwärtig neuesten Literatur? Ein Quellenstudium zur Bewusstseinslage. Am Beispiel von Bettina Galvagni, Zoë Jenny, Juli Zeh, Martin Prinz und Thomas Raab. In: (Nichts) Neues. Trends und Motive in der (österreichischen) Gegenwartsliteratur. Hrsg. von Friedbert Aspetsberger. Innsbruck [u. a.]: 2003. S. 15–35.

Finger, Evelyn: Das Buch der Stunde. In: Die Zeit. 26. 2. 2009. [Zu *Corpus Delicti*.]

Geyer, Christian: Geruchslos im Hygieneparadies. In: Frankfurter Allgemeine Zeitung. 28. 2. 2009. [Zu *Corpus Delicti*.]

Granzin, Katharina: Die erpresste Sorge um sich. In: die tageszeitung. 14. 3. 2009. [Zu *Corpus Delicti*.]

Hilmes, Carola: Zeh, Juli: *Corpus Delicti*. In: Forschung Frankfurt. Das Wissenschaftsmagazin (2013) H. 1. S. 70 f. [Rezension.]

Höbel, Wolfgang: Hexe im Tiefkühlfach. In: Der Spiegel. 21. 2. 2009. [Zu *Corpus Delicti*.]

Keim, Stefan: Krankheit ist Freiheit. In: Frankfurter Rundschau. 18. 9. 2007. [Zum Theaterstück *Corpus Delicti*.]

Kissler, Alexander: Immer auf die Zwei. In: Neues Deutschland. 7. 1. 2010. [Zum Hörbuch *Corpus Delicti*.]

Landolt, Noëmi: Ein Mensch, der kein Geheimnis hat, ist kein Mensch mehr. Gespräch: In: Die Wochenzeitung. 5. 12. 2013.

Moritz, Rainer: Unverträgliche Immunsysteme. In: Neue Zürcher Zeitung. 18. 7. 2009. [Zu *Corpus Delicti*.]

Nover, Immanuel: Der disziplinierte Körper – Ethik, Prävention und Terror in Juli Zehs *Corpus Delicti*. Ein Prozess. In: Kritische Ausgabe. Zeitschrift für Germanistik & Literatur 24 (2013) S. 79–84.

Roßmann, Andreas: Da liegt der Zukunftshund begraben. In: Frankfurter Allgemeine Zeitung. 18. 9. 2007. [Zum Theaterstück *Corpus Delicti*.]

Schmidt, Christopher: Das methodische Flackern der Antigone. In: Süddeutsche Zeitung. 14.3.2009. [Zu *Corpus Delicti*.]

Simantke, Elisa: Da will nur ich Chef sein. Interview. In: Der Tagesspiegel. 29. 4. 2012. [Zu *Corpus Delicti*.]

Steindorfer, Eva: Frau ohne Eigenschaften. Juli Zehs Nihilismustheorie des 21. Jahrhunderts. In: Germanistische Mitteilungen 67 (2008) S. 221–232.

Trojanow, Ilija / Zeh, Juli: Angriff auf die Freiheit. Sicherheitswahn, Überwachungsstaat und der Abbau bürgerlicher Rechte. München 2009.

Wagner, Sabrina: Aufklärer der Gegenwart: Politische Autorschaft zu Beginn des 21. Jahrhunderts – Juli Zeh, Ilija Trojanow, Uwe Tellkamp. Göttingen 2015.

Walter, Julia: Freiheit oder staatliche Kontrolle? Die Gestaltung des Freiheitsaspektes in »Corpus Delicti. Ein Prozess« von Juli Zeh. München 2015. [E-Book. Masterarbeit.]

Frankfurter Poetikvorlesungen – Film

Juli Zeh – Treideln. Frankfurter Poetikvorlesungen. 2 DVDs. Berlin: Absolut Medien, 2014.

Anmerkungen

1 Harro Albrecht, »Für ein bisschen Diktatur«, in: *Die Zeit*, 19. 3. 2009, S. 34.

2 Ilija Trojanow / Juli Zeh, *Angriff auf die Freiheit. Sicherheitswahn, Überwachungsstaat und Abbau bürgerlicher Rechte*, München 2009, S. 139.

3 Friedrich Nietzsche, »Ecce homo«, in: *Kritische Studienausgabe* (KSA), Bd. 6, hrsg. von Giorgio Colli und Mazzino Montinari, München, Berlin, New York ²1988, S. 323.

4 Ebd., Bd. 3, S. 628 f.

5 Niklas Luhmann, *Soziale Systeme. Grundriß einer allgemeinen Theorie*, Frankfurt a. M. ²1988, S. 337.

6 Immanuel Nover, »Der disziplinierte Körper – Ethik, Prävention und Terror in Juli Zehs *Corpus Delicti*. Ein Prozess«, in: *Kritische Ausgabe. Zeitschrift für Germanistik & Literatur* 24 (2013) S. 79.

7 Jean-Jacques Rousseau, *Emil oder Über die Erziehung*, hrsg. von Martin Rang, Stuttgart 1998, S. 112 f.

8 Volker Roloff, »Sartre contra Sartre. Überlegungen zur Sartre-Kritik von Sábato«, in: *Jean Paul Sartre*, hrsg. von Rainer E. Zimmermann, Cuxhaven 1989, S. 97.

9 Heinz-Peter Preußer, »Juli Zeh«, in: *Kritisches Lexikon zur deutschsprachigen Gegenwartsliteratur* (KLG), hrsg. von Heinz Ludwig Arnold, München: Edition Text + Kritik 94, Neulieferung März 2010, S. 12.

10 John von Düffel, *Ego*, München 2001, S. 10.

11 Bertolt Brecht, »Sport und geistiges Schaffen«, in: B. B.: *Schriften I, 1914–1933*, hrsg. von Marianne Conrad / Werner Hecht [*Große kommentierte Berliner und Frankfurter Ausgabe*, Bd. 21], Frankfurt a. M. 1992, S. 122 f.

12 Preußer (Anm. 9) S. 2.

13 Matthias Rüb, »Verkokste Roadshow«, in: *Frankfurter Allgemeine Zeitung*, 9. 10. 2001, Nr. 234, S. L21.

14 Preußer (Anm. 9) S. 6.

15 Ebd S. 2.

16 Rainer Moritz, »Unverträgliche Immunsysteme. Juli Zehs didak-
    tischer Roman ›Corpus Delicti‹«, in: *Neue Zürcher Zeitung*,
    18./19. 7. 2009, S. B4.
17 Ebd.
18 Ebd.
19 Juli Zeh, zit. nach Rainer Moritz, ebd.
20 Wolfgang Höbel, »Hexe im Tiefkühlfach«, in: *Der Spiegel*,
    21. 2. 2009, S. 150.
21 Ebd.
22 Evelyn Finger, »Das Buch der Stunde«, in: *Die Zeit*, 26. 2. 2009,
    S. 49.
23 Ebd.
24 Ebd.
25 Christian Geyer, »Geruchlos im Hygieneparadies«, in: *Frankfur-
    ter Allgemeine Zeitung*, 28. 2. 2009, S. Z5.
26 Ebd.
27 Albrecht (Anm. 1) S. 34.
28 Ebd.
29 Nover (Anm. 6) S. 79.
30 Preußer (Anm. 9) S. 2.
31 Albrecht (Anm. 1) S. 34.